"中国特色社会主义政治经济学丛书"

编委会

主　任：蒋永穆

成　员（以姓氏笔画排序）：
　　　　王国敏　　王洪树　　邓　翔　　刘　肖
　　　　李栓久　　张红伟　　张　衔　　曹　萍
　　　　龚勤林　　熊　兰

中国特色社会主义政治经济学丛书

高质量发展背景下
科技型中小企业信用评估体系
构建与应用研究

The Construction and Application of
Credit Evaluation System for Small and
Medium-sized sci-tech Enterprises in
the Context of High-quality Development

余澳 / 著

四川大学出版社

项目策划：王 玮 梁 平
责任编辑：王 玮
责任校对：于 俊
封面设计：璞信文化
责任印制：王 炜

图书在版编目（CIP）数据

高质量发展背景下科技型中小企业信用评估体系构建与应用研究 / 余澳著． — 成都：四川大学出版社，2019.12

（中国特色社会主义政治经济学丛书）
ISBN 978-7-5690-3282-6

Ⅰ．①高… Ⅱ．①余… Ⅲ．①高技术企业－中小企业－企业信用－信用评估－研究－中国 Ⅳ．① F279.244.4

中国版本图书馆CIP数据核字（2019）第 292790 号

书　名	高质量发展背景下科技型中小企业信用评估体系构建与应用研究
著　者	余　澳
出　版	四川大学出版社
地　址	成都市一环路南一段 24 号（610065）
发　行	四川大学出版社
书　号	ISBN 978-7-5690-3282-6
印前制作	四川胜翔数码印务设计有限公司
印　刷	四川盛图彩色印刷有限公司
成品尺寸	170mm×240mm
插　页	2
印　张	10
字　数	193 千字
版　次	2019 年 12 月第 1 版
印　次	2019 年 12 月第 1 次印刷
定　价	56.00 元

◆ 版权所有 ◆ 侵权必究

- 读者邮购本书，请与本社发行科联系。
  电话：(028)85408408/(028)85401670/(028)86408023　邮政编码：610065
- 本社图书如有印装质量问题，请寄回出版社调换。
- 网址：http://press.scu.edu.cn

扫码加入读者圈

四川大学出版社
微信公众号

丛书序

马克思主义经典作家历来都重视政治经济学研究，恩格斯说，无产阶级政党的"全部理论来自对政治经济学的研究"；列宁把政治经济学视为马克思主义理论"最深刻、最全面、最详尽的证明和运用"。习近平总书记多次强调，面对错综复杂的国内外经济形势，面对形形色色的经济现象，学习掌握马克思主义政治经济学基本原理和方法论，有利于我们科学认识经济运动过程，把握经济发展规律，提高驾驭社会主义市场经济能力，准确回答我国经济发展的理论和实践问题。

改革开放以来，我们党把马克思主义政治经济学基本原理同改革开放新的实践结合起来，不断丰富和发展马克思主义政治经济学，形成了适应中国国情和时代特点的当代中国马克思主义政治经济学——中国特色社会主义政治经济学。中国特色社会主义政治经济学是马克思主义政治经济学基本原理与中国特色社会主义经济建设实践相结合的理论成果，是当代中国马克思主义政治经济学的集中体现，是指导中国特色社会主义经济建设的理论基础。它立足于中国改革发展的成功实践，诞生于中国，发展于中国，服务于世界，是指引当代中国不断解放和发展生产力的科学理论，是引领社会主义市场经济持续健康发展的指南。

党的十八大以来，以习近平同志为核心的党中央及时总结新的生动实践，不断推进理论创新，在发展理念、所有制、分配体制、政府职能、市场机制、宏观调控、产业结构、企业治理结构、民生保障、社会治理等重大问题上提出了许多重要论断，形成了以新发展理念为主要内容的习近平新时代中国特色社会主义经济思想，不仅有力指导了我国经济发展实践，而且开拓了马克思主义政治经济学新境界。

四川大学在长期的办学过程中，始终坚持以马克思主义政治经济学为指导，高举中国特色社会主义伟大旗帜，围绕我国和世界经济发展面临的重大问题，不断推进知识创新、理论创新、方法创新，致力构建中国特色社会主义政治经济学的理论体系，在社会主义基本经济制度、社会主义经济运行理论、社会主义经济发展理论、社会主义城乡一体化理论，以及社会主义经济全球化与对外开放理论等领域长期耕耘，形成了自身的研究特色和优势。

为了进一步学习实践习近平新时代中国特色社会主义经济思想，更好地阐释经济建设实践中的重大理论和现实问题，巩固和深化现有研究成果，不断为道路自信、理论自信、制度自信、文化自信做出新的理论创造和理论贡献，我们以四川大学"双一流"超前部署学科"马克思主义理论与中国特色社会主义创新"为依托，策划了"中国特色社会主义政治经济学丛书"。

2018年，我们以庆祝改革开放四十周年为主题出版了"中国特色社会主义政治经济学丛书（第一辑）"，分别从"中国农村改革四十年：回顾与经验""改革开放与货币政策宏观调控变革""中国四十年价格改革研究""改革开放四十年：我国经济周期波动及对外经济政策调整""改革开放四十年：创新驱动供给侧结构性改革""中国经济改革开放四十年：理论与实践透视"等方面对改革开放四十年的具体实践进行了深入分析。本套丛书是该系列丛书的第二辑，今后我们还将继续策划并陆续出版中国特色社会主义政治经济学的系列图书。

我们希望，这套丛书可以见证四川大学学术大师的不断涌现，中国一流的马克思主义理论与中国特色社会主义创新研究学科的逐渐形成。

学术永无止境。该丛书肯定会有不少需要改进之处，恳请各位同仁、读者为我们提出宝贵意见，让该丛书在构建中国特色社会主义政治经济学理论体系中发挥积极作用。

前　言

党的十九大指出："我国社会主要矛盾已经转化为人民日益增长的美好生活需要和不平衡不充分的发展之间的矛盾。"社会主要矛盾的变化决定着我国进入新发展阶段，这一阶段的总体要求和目标方向就是实现高质量发展。高质量发展的实现路径可以总体概括为现代化经济体系的构建；宏观层面的体制机制变革，在很大程度上需要微观主体的推动和践行。企业是社会财富的主要创造者和技术进步的主要推动者。企业的发展水平代表着国家的现代化水平，企业竞争力是国家竞争力的重要微观缩影。因此，企业是高质量发展的重要微观基础，企业的发展质量最终决定着高质量发展的效果，企业的技术水平和产品供给质量从根本上影响着高质量发展目标的实现。

"创新、协调、绿色、开放、共享"的新发展理念是指导新时代高质量发展的重要指导思想。习近平总书记指出：创新是引领发展的第一动力。创新在新发展理念中居于首要位置，是影响当前我国经济社会发展的"牛鼻子"。创新的核心与关键是科技创新，科技是推动人类文明进步的重要力量，当今世界国与国之间的竞争已经演变为国家间科技实力的竞争。科技是国家强盛之基，创新是民族进步之魂。当前新一轮科技革命和产业革命正在孕育，我国应当充分抓住这一重大战略机遇期，通过创新驱动战略的实施促使我国从科技大国成长为科技强国，为高质量发展和中华民族的伟大复兴奠定重要基础。

企业对于高质量发展和创新驱动战略的实施至关重要。科技企业是其中的关键因素，它承载着技术研发与创新的重要作用。在当前复杂多变的国际关系格局下，科技企业之间的比拼成了国与国之间比拼的浓缩，甚至在一定程度上还影响着国家间关系的博弈。在当前世界产业格局和全球产业链发展趋势下，科技企业的实力在很大程度上决定着一个国家能否占据全球产业链的高端并由此主导世界产业格局的变化。科技型中小企业是科技企业的重要组成部分，也是科技创新的载体、大型企业的基石、科技创新的生力军。纵观世界发达国家，科技型中小企业的数量和质量在广度和深度上影响着一个国家科技企业的整体创新能力。美国、德国、日本等发达国家，除了拥有一批代表性的世界级企业，还拥有数量众多的优质科技型中小企业。这些科技型中小企业在垂直细分领域为本国技术创新乃至引领全球相关技术的发展做出了重要贡献。

我国当前十分重视对科技型中小企业的培育。科技型中小企业的成长离不开资本、人才、技术等关键因素的支撑。在实际发展中，科技型中小企业同其他类型的中小企业一样面临着融资难、融资贵问题。科技型中小企业的轻资产、高风险特征又在一定程度上加大了该类企业的融资困难，这是国内外普遍面临的难题。为缓解科技型中小企业融资难、融资贵问题，各国推出了政府财政资金、银行资金、风投资本等不同类型的融资模式。我国针对科技型中小企业融资难、融资贵问题，在传统的以抵押融资为主的融资方式下推出了信用借贷、创投基金参与等融资方式助力科技型中小企业缓解融资难问题。其中的信贷融资模式颇具中国特色，它主要表现为政府财政资金撬动银行资本共建基金池，根据科技型中小企业的信用情况予以纯信用融资。该融资模式的关键是如何识别科技型中小企业，具体来说就是如何对科技型中小企业进行信用评估，因此，对科技型中小企业的识别问题本质上就是对其信用评估问题。

科技型中小企业的信用评估是当前理论和实践的热点问题之一。尽管现有理论和实践已经做出了有益探索，但仍然存在评估指标针对性不强、信用识别未有效解决、风险防范机制不健全、运用中的大数据支撑不足等问题。基于科技型中小企业信用评估指标体系构建的必要性，本书对此展开了理论探索。通过面向政府部门、银行机构、科技企业和专家学者等的充分调研，本书构建了一套包含 4 个一级指标、16 个二级指标和 66 个三级指标的科技型中小企业信用评估体系。其基本特点体现为：①指标针对性强。本书构建的信用评估体系突出了科技型中小企业的异质性特征，特别强调了企业的创新潜力、企业实际控制人特征、创业团队能力等指标。此外，增加了在实践中广泛运用但被当前理论研究忽视的一些重要指标，如银行经营流水、社保缴纳、纳税等流量指标，上下游合作商声誉以及是否获得外部投资等指标。②指标权重设计的科学性。本书主要运用层次分析法等方法科学界定了各评估指标在整个信用评估体系中的权重。特别针对科技型中小企业的成长周期性特征，本书还创新性地设计出可动态调整的权重体系，以财务指标为例，其在企业初创期权重较低但随着企业成长则会逐步增大。③大数据赋能评估指标体系运用。本书构建的信用评估体系的理想应用状态是以大数据为支撑，通过大数据平台获取被评估对象的指标数据，再运用人工智能算法快速形成被评估对象的信用等级。总体而言，我们认为本套信用评估体系的主要贡献在于创新了构建科技型中小企业信用评估体系的思路与方法，将实践中普遍使用而被当前理论研究忽略的一些指标融入其中，在运用方面充分考虑发挥现代科技的作用等。

  在当前国内外经济形势复杂多变的背景下，中小企业生命力脆弱的问题再次暴露，如何助力中小企业健康成长更受关注，本书的出版恰好是助力中小企业走出逆境的学术表达。在这里，我要特别感谢四川大学中国特色社会主义政治经济学研究中心和成都市商务局对本书的研究和出版提供的资助；感谢张伟科博士及我的硕士研究生贾卓强、吕佰洫、陈烨等对本书提供的帮助；感谢四川大学出版社对本书出版的支持。

余　澳

2019 年 12 月

目 录

第一章　高质量发展背景下的科技型中小企业……………………………（ 1 ）
 第一节　高质量发展与科技型企业………………………………………（ 1 ）
 第二节　科技型中小企业…………………………………………………（ 10 ）
 第三节　我国科技型中小企业的机遇与挑战……………………………（ 15 ）

第二章　科技型中小企业信用评估理论研究………………………………（ 22 ）
 第一节　信用与信用评估…………………………………………………（ 22 ）
 第二节　科技型中小企业信用评估………………………………………（ 31 ）
 第三节　科技型中小企业信用评估的理论发展…………………………（ 34 ）

第三章　科技型中小企业信用评估实践情况………………………………（ 48 ）
 第一节　国外实践情况……………………………………………………（ 48 ）
 第二节　国内实践情况……………………………………………………（ 55 ）

第四章　科技型中小企业信用评估存在的问题与改革建议………………（ 64 ）
 第一节　科技型中小企业信用评估存在的问题…………………………（ 64 ）
 第二节　科技型中小企业信用评估体系的改革建议……………………（ 67 ）

第五章　科技型中小企业信用评估体系指标的选取………………………（ 70 ）
 第一节　评估指标选取的原则和方法……………………………………（ 70 ）
 第二节　问卷设计与统计分析……………………………………………（ 76 ）

第六章　科技型中小企业信用评估体系指标的界定………………………（ 84 ）
 第一节　实际控制人能力评价指标的界定及评分标准…………………（ 84 ）

第二节　经营管理能力指标的界定及评分标准……………………（ 90 ）
　　第三节　财务能力指标的界定及评分标准……………………………（ 98 ）
　　第四节　创新能力指标的界定及评分标准……………………………（103）

第七章　科技型中小企业信用评估体系指标权重的确定……………（108）
　　第一节　研究方法介绍……………………………………………………（108）
　　第二节　指标权重的确定…………………………………………………（110）
　　第三节　信用评估体系总体框架与信用等级的划分…………………（128）

第八章　科技型中小企业信用评估体系的验证与应用建议…………（133）
　　第一节　科技型中小企业信用评估体系的验证………………………（133）
　　第二节　科技型中小企业信用评估体系的应用建议…………………（143）

参考文献………………………………………………………………………（147）

第一章 高质量发展背景下的科技型中小企业

马克思主义认为，社会基本矛盾是社会发展的根本动力。随着我国经济社会的发展，社会主要矛盾也发生了深刻变化。党的十九大报告指出，我国社会主要矛盾已经转化为人民日益增长的美好生活需要和不平衡、不充分的发展之间的矛盾。社会主要矛盾的解决需要高质量发展的实现，高质量发展是我国当前经济社会发展的主要目标。本章将重点分析高质量发展提出的背景、基本内涵及重要意义，科技型中小企业的基本内涵与特征、发展机遇与挑战以及对高质量发展的作用机理等。

第一节 高质量发展与科技型企业

党的十九大以来，实现高质量发展是我国在新时代的重要使命。围绕实现高质量发展，中央提出建设社会主义现代化经济体系的重大任务。加快建设创新型国家是社会主义现代化经济体系建设的战略支撑，科技企业在促进社会创新、提升国家创新能力中发挥了重要作用。

一、高质量发展概述

（一）高质量发展提出的背景

随着中国特色社会主义进入新时代，为解决新时代社会的主要矛盾，高质量发展应运而生。根据中华人民共和国成立以来的经济发展史以及相应发展阶段社会主要矛盾的变化情况，本书从以下3个阶段展开介绍高质量发展提出的背景。

1. 中华人民共和国成立之初至改革开放前（1949—1978）

1949年，中华人民共和国成立，中国人民从此站起来了。但当时解放战争仍未结束，经济处于崩溃边缘，帝国主义、封建主义、国民党残余对新生政权采取敌视态度，阴谋颠覆新生的人民政权。因此，从1949年中华人民共和国成立至1952年年底的社会主要矛盾是人民大众同帝国主义、封建主义和国民党残余势力之间的矛盾。1952年我国土地改革基本完成，为社会主义改造和社会主义建设创造了有利条件，国民经济也处于复苏过程中。从图1-1中可以看出，1952年至1976年，我国国民生产总值（以下简称"GDP"）从679.1亿元增长至3 201.9亿元。①

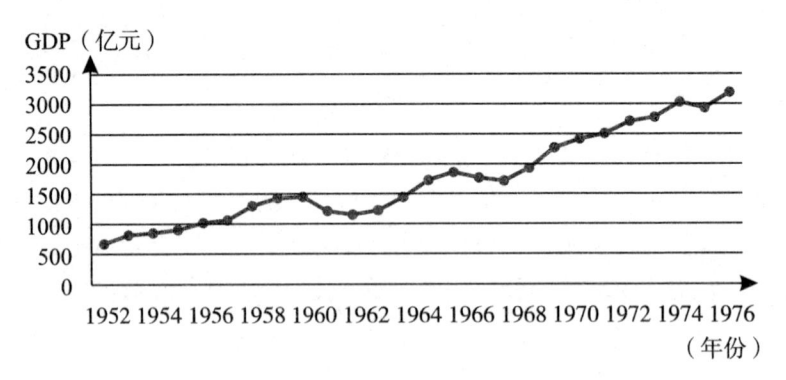

图1-1 1952—1977年中国GDP的变化情况

1953年至1956年年底，我国处于社会主义改造时期。此时的社会主要矛盾转变为工人阶级和资产阶级之间的矛盾。社会主义改造基本完成后，1956年党的八大指出：国内的主要矛盾"已经是人民对于建立先进的工业国的要求同落后的农业国的现实之间的矛盾，已经是人民对于经济文化迅速发展的需要同当前经济文化不能满足人民需要的状况之间的矛盾"。综上，新中国成立不到10年的时间，我国社会主要矛盾经历了3个阶段的变化。

2. 改革开放至党的十八大前（1978—2011）

1978年，中国实行改革开放政策，开辟了一条建设中国特色社会主义的道路。截至1978年，中国的GDP达3 678亿元，增长率达11.7%，逐步建立起了一个独立的、门类齐全的工业体系。但是技术比较落后，人民的生活水平依然没有得到很好的改善。为加快经济发展、提升人民生活水平，以邓小平同志为核心的第二代领导集体开始着力改革不适应生产力发展的经济体制，开启了建立社会主义市场经济体制的尝试，逐渐形成以"经济特区——沿海开放城市——沿海经济开放区——内地"为序的全方位、多层次、宽领域的对外开放格局。

从图1-2中可以看出，从1978年至2011年，我国的GDP总量从1978年的3 678亿元上升到2011年的50万亿元，GDP排名也从1978年的全世界第

---

① 国家统计局. 中国统计年鉴-2018 [M]. 北京：中国统计出版社，2018.

9名上升至2011年的全世界第2名。尤其是在2001年加入世界贸易组织（WTO）以后的10年时间里，我国的GDP年均增长率保持在10%以上。1981年，党的十一届六中全会通过的《关于建国以来党的若干历史问题的决议》，把我国社会的主要矛盾概括为"人民日益增长的物质文化需要同落后的社会生产之间的矛盾"。社会主要矛盾的变化对特定时期的发展方向提出了特定的要求，改革开放后的40年是我国集中精力进行经济建设的时期，人民的物质文化生活得到极大的改善。

图1-2 1978—2011年中国GDP与GDP增长率的变化情况

3. 党的十八大以来（2012年—至今）

党的十八大以来，以习近平同志为核心的党中央带领中国人民开启了建设社会主义现代化强国的新征程。习近平总书记在党的十九大报告中指出，我国社会主要矛盾已经转变为人民日益增长的美好生活需要和不平衡不充分的发展之间的矛盾。这是新时代背景下对我国经济发展阶段性特征的科学论断，这意味着我国经济发展要实现由单纯的数量增长型向全面的质量效益提升型这一历史性转变。新时代人民群众对物质文化产品及服务呈现出更多样化、更高层次、更高质量的需求，对美好的、高质量的生活日益向往，而另一方面我国经济发展中长期存在的不平衡不充分问题则制约着广大人民群众过上期盼已久的美好生活。实现高质量发展也意味着我国经济发展的根本价值追求要从满足人民基本物质文化需要转向满足人民的美好生活需要，让全体人民共享改革发展成果，促进人的全面发展。

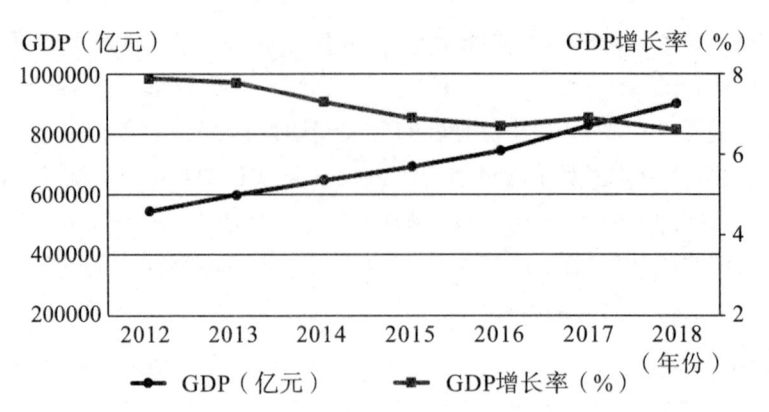

图 1-3　2012—2018 年中国 GDP 与 GDP 增长率的变化情况

新中国成立 70 年的发展历史充分证明了马克思主义关于社会矛盾是社会发展基本动力的原理。在马克思主义基本原理指导下，党带领全国各族人民经历了从站起来到富起来再到强起来的伟大征程。社会主要矛盾随着时代变迁也发生着不同阶段的变化。基于新时代社会主要矛盾的变化，高质量发展的要求也应运而生。

（二）高质量发展的内涵

高质量发展是经济发展质量的高级状态和最优状态，这是高质量发展的最狭义理解和最本质内涵。从广义的角度讲，高质量发展不仅包括经济的高质量发展，还包括政治的、文化的、生态的、社会的等全方位、多层次高质量发展。

在理论上，高质量发展是以新发展理念为指导的经济发展质量状态：创新是高质量发展的第一动力，协调是高质量发展的内生特点，绿色是高质量发展的普遍形态，开放是高质量发展的必由之路，共享是高质量发展的根本目标。① 高质量发展是经济发展的有效性、充分性、协调性、创新性、持续性、分享性和稳定性的综合，是生产要素投入低、资源配置效率高、资源环境成本低、经济社会效益好的质量型发展水平。在实践上，高质量的发展是中国经济发展的升级版，是通过质量变革、效率变革、动力变革来实现生产效率提升，以实体经济发展为核心，以科技创新、现代金融、人力资本协同发展的产业体系为基础，以市场机制有效、微观主体有活力、宏观调控有度的经济体制为特征。

---

① 人民日报评论员. 大力推动我国经济实现高质量发展——二论贯彻落实中央经济工作会议精神 [N]. 人民日报，2017-12-23（1）.

高质量发展的判断标准可以从有效性、协调性、创新性、持续性和分享性等方面进行。具体可以用投入产出效率高低、结构的合理性、经济发展的潜力、可持续发展的程度、经济增长成果的分享程度等指标来综合衡量。[①] 实现高质量发展意味着实现高效益，即宏观上体现为人民对美好生活需求的满足程度，微观上体现为各类要素资源利用的高效率；意味着实现稳定增长，即保证经济运行的稳定性、持续性以及有效降低经济运行的风险；也意味着实现创新驱动，即站在科技创新的制高点，通过创新驱动解决深层次问题，切实提高中国经济社会的供给体系质量。

党的十九大报告指出："我国经济已由高速增长阶段转向高质量发展阶段……建设现代化经济体系[②]是跨越关口的迫切要求和我国发展的战略目标。"高质量发展是建设现代化经济体系的目标和导向，现代化经济体系建设为高质量发展提供动力和支撑。习近平新时代中国特色社会主义思想是构建现代化经济体系、实现高质量发展的指导思想，五大发展理念是构建现代化经济体系、实现高质量发展的指导理念。深化供给侧结构性改革、加快建设创新型国家、实施乡村振兴战略、实施区域协调发展战略、加快完善社会主义市场经济体制、推动形成全面开放新格局，是构建现代化经济体系、实现高质量发展的基本路径。由于企业是承担新时代中国特色社会主义建设的基本单位，因此在构建现代化经济体系、实现高质量发展的过程中，需充分发挥企业尤其是创新型科技企业的微观基础作用。

（三）高质量发展的意义

实现可持续、高质量的发展需要一个国家长期坚持不懈的努力和务实奋斗。中国作为发展中的经济大国，更需要把握国内及国际经济特点，把握发展趋势，坚持推动高质量发展。推动高质量发展是适应我国社会主要矛盾变化和全面建成小康社会、全面建设社会主义现代化国家的必然要求，是解决社会主要矛盾的必然选择，有利于实现以人民为中心的发展和综合国力的提升，是新时代实现我国经济持续健康发展的工作指引。

1. 有利于解决社会主要矛盾

人类社会在不断演进的过程中，总是遵循一定的社会发展规律，社会矛盾

---

① 任保平，文丰安. 新时代中国高质量发展的判断标准、决定因素与实现途径[J]. 改革，2018(4)：5-16.
② 2018年1月30日，习近平总书记在主持中共中央政治局就建设现代化经济体系进行第三次集体学习时指出：现代化经济体系由产业体系、市场体系、收入分配体系、城乡区域发展体系、绿色发展体系、全面开放体系六大体系及经济体制共七个部分构成。

运动规律是马克思主义的一个重要经典理论。马克思、恩格斯从社会存在决定社会意识的辩证关系出发，揭示了生产力与生产关系、经济基础与上层建筑两对社会基本矛盾，并且这两大社会基本矛盾关系构成一切社会形态发展的直接动力。毛泽东在《矛盾论》中将马克思主义矛盾理论中国化，提出："任何过程如果有多数矛盾存在的话，其中必定有一种是主要的，起着领导的、决定的作用，其他则处于次要和服从的地位……捉住了这个主要矛盾，一切问题就迎刃而解了。"[1] 新时代我国社会矛盾的主要方面是发展的不平衡、不充分，只有抓住矛盾的主要方面才是解决矛盾的关键。当前生产力发展不平衡、不充分是社会生产的质量与效益不能适应时代需要的直接体现。

根据马克思主义基本原理，社会基本矛盾是社会发展的根本动力。党的十九大报告指出，中国特色社会主义进入新时代，我国社会主要矛盾已经转化为人民日益增长的美好生活需要和不平衡不充分的发展之间的矛盾。主要矛盾的变化决定了我们发展方式的变化，要更好地满足人民群众对美好生活的向往，解决经济社会发展中的不平衡不充分问题就只能通过高质量发展来实现。只有高质量发展才能更进一步解放和发展生产力，才能更好解决新时代社会主要矛盾。

2. 有利于实现以人民为中心的发展

马克思主义认为，人类社会的发展，本质是促进人的全面发展。而人的全面发展，既包括物质财富的增加，也包括精神财富的丰富，还包括社会的变革。这就要求中国的发展必须是全方位高质量的发展，而不仅仅是注重数量型的物质层面的发展。因此，实现高质量发展更有利于促进人的全面发展。

中国特色社会主义进入了新时代，新的主要矛盾更加强调生产的质量和效益，更加注重人民对除基本物质文化的需要之外的高品质生活。而在高质量发展的过程中，"检验一切工作的成效，最终都要看人民是否真正得到了实惠，人民生活是否真正得到了改善，人民权益是否真正得到了保障"[2]。我们始终"要坚持人民主体地位，顺应人民群众对美好生活的向往，不断实现好、维护好、发展好最广大人民根本利益，做到发展为了人民、发展依靠人民、发展成果由人民共享"[3]。因此，高质量发展是满足人民生活水平质量的重要依据，

---

[1] 毛泽东. 矛盾论 [M] //毛泽东选集：第 1 卷，北京：人民出版社，1991：322.
[2] 中共中央宣传部. 习近平总书记系列重要讲话读本（2016 年版）[M]. 北京：学习出版社，人民出版社，2016：213.
[3] 习近平在省部级主要领导干部学习贯彻党的十八届五中全会精神专题研讨班上的讲话（2016 年 1 月 18 日）[N]. 人民日报，2016-05-10 (1).

是实现人民美好生活的出发点和落脚点。高质量发展程度的评判，最终要以主要矛盾的解决、人民日益增长的美好生活需要的满足为标准。因此，高质量发展的根本目的是解决我国社会新的主要矛盾，从而实现人的自由全面发展。[①]实现高质量发展有利于实现以人民为中心的发展。

3. 有利于综合国力的提升

解放和发展社会生产力，增强社会主义国家的综合国力，是社会主义的本质要求和根本任务。只有牢牢抓住经济建设这个中心，推动经济社会持续健康发展；毫不动摇地坚持发展，贯彻科学发展和高质量发展的战略思想，才能全面增强我国的经济实力、科技实力和国防实力，从而全面增强我国的综合国力。

高质量发展体现了"创新、协调、绿色、开放、共享"的新发展理念。我们要始终坚持创新是第一动力、人才是第一资源的理念，实施创新驱动发展战略，完善国家创新体系，加快关键核心技术自主创新，逐步实现从"科技大国"向"科技强国"的转变，为经济社会发展打造新引擎。从中美贸易摩擦"中兴事件"和"华为事件"中吸取教训：我国的企业尤其是科技型企业要不断提升自主创新能力，加大科技创新力度，打造具有自主知识产权的高品质产品，才能提高企业产品的国际竞争力。在注重创新发展的同时，还要注重"协调、绿色、开放、共享"发展。坚持以供给侧结构性改革为主线，加快建设现代化经济体系；积极转变发展方式、优化经济结构、积极扩大内需，实施区域协调发展战略，实施乡村振兴战略；加强生态文明建设，牢固树立和践行"绿水青山就是金山银山"的理念，形成绿色可持续发展方式和生活方式；深化改革开放，持续推进"一带一路"建设；坚持发展成果由人民共享，落实保障民生的各项政策。因此，实现全方位资源融合、可持续的高质量发展，有利于优化我国的发展结构，从而实现综合国力的提升。

二、科技企业与高质量发展

科技创新是引领高质量发展的核心驱动力，是推动高质量发展的重要引擎。企业是科技创新的主体，是高质量发展的重要微观基础。科技企业作为专注于技术创新的企业主体，对增加经济发展新动能、推动经济高质量发展发挥着重要作用。

---

① 杨根乔. 论习近平以人民为中心的新发展理念[J]. 当代世界与社会主义，2019（2）：93-99.

(一) 科技企业的创新本能为高质量发展提供重要驱动力

马克思认为,科学作为一种知识形态的生产力,它只是一种潜在的生产力。然而当它应用于生产,使"生产过程成了科学的应用"时,"科学反过来成了生产过程的因素"[①],随着科学的不断发展,科学也可作为直接的、核心的生产力。注重科学创新,即重视科技创新,可以进一步解放和发展生产力,从而实现高质量发展,进而解决我国社会主要矛盾。因此,实现高质量发展,首要的是强调科技创新,重点解决创新能力和人力资本不足的问题,把创新作为第一动力,依靠科技创新不断增强经济的创新力和竞争力,进一步提高供给体系的质量。

科技企业是科技创新的重要力量,科技创新在高质量发展中具有引领作用。促进科技创新与经济发展的深度融合,能够提升高质量发展的创新含量。党的十八大以来,以习近平同志为核心的党中央对科技创新的高度重视、战略谋划和实施力度前所未有,大力实施创新驱动发展战略,开启了建设世界科技强国的新征程。科技进步贡献率从 2012 年的 52.5% 增至 2017 年的 57.5%,全要素生产率增长率为 3.14%,对经济增长的贡献率为 45% 左右。[②] 科技创新是引领高质量发展的核心驱动力。科技部原部长万钢(2018:24-26)将科技创新对高质量发展的传导机制概括为:新一轮科技革命和产业变革加速演进是高质量发展的重大战略机遇,提高科技创新对实体经济的贡献率是高质量发展的必然要求,高效协同的创新体系和开放包容的创新创业生态是高质量发展的重要保障。[③] 任保平、文丰安(2018:5-16)认为,实现高质量发展,首要的是强调科技创新,通过科技创新为高质量发展建立起适应未来 30 年经济发展所需要的供给体系。[④] 总之,科技企业在促进科技创新和高质量发展中起着十分重要的作用。

(二) 科技企业的市场主体地位为高质量发展提供微观支撑

企业是宏观经济运行中的微观主体,是中观产业发展中的基本组织,经济高质量发展归根结底需要通过企业这个微观基础的高质量发展予以实现。从马克思的剩余价值理论来看,马克思事实上区分了两种企业:率先进行工艺创

---

① 童鹰. 马克思恩格斯与自然科学 [M]. 北京:人民出版社,1982:71.
② 盛来运. 建设现代化经济体系 推动经济高质量发展——转向高质量发展阶段是新时代我国经济发展的基本特征 [J]. 求是,2018 (1):50-52.
③ 万钢. 打造高质量发展的科技创新引擎 [J]. 求是,2018 (6):24-26.
④ 任保平,文丰安. 新时代中国高质量发展的判断标准、决定因素与实现途径 [J]. 改革,2018 (4):5-16.

新、提高劳动生产率的创新型企业，以及迫于竞争压力而进行模仿的适应型企业。在竞争激烈的国内与国际环境中，创新无疑是企业生产和发展的灵魂。相比于其他企业，科技企业更具活力与创造力，是高质量发展的重要源泉。在高质量发展中，要不断提高科技创新的贡献份额，强化科技企业的创新主体地位。

与传统型企业相比，科技企业一般具有3个区别性特征：高技术人才密集性、高研发投入性、高创新性。首先，科技企业拥有较高比例的科技型人才，换言之，企业的生存和发展高度依赖于具有创新能力的研发人员，其创始人也往往更具有企业家精神；其次，研发活动在企业生产经营中十分重要，研发投入在企业生产经营过程中占比较大；最后，科技企业所提供的产品或服务具有较高的科技含量，大多属于创新型产品或创新型技术服务。值得注意的是，华为、阿里巴巴、腾讯等一批具有全球竞争力的大型高科技企业，已成为新时代引领我国经济高质量发展的重要标杆企业。其中，华为公司以2018年全年5 405件的国际专利申请量创下了全球公司专利申请量的最高纪录[1]，这与华为公司员工总数45%的研发人员占比，以及每年不低于全年销售额15%的研发费用投入密不可分。

高质量发展是更加注重内涵式的发展，是经济效益不断提高的发展。推动高质量发展，必须使各类市场主体充分发挥活力，通过科技创新解放和发展生产力，从而全方位带动经济效益的持续性增加。2017年，中央经济工作会议指明了高质量发展的方向，明确指出激发各类市场主体活力是推动高质量发展的8项重点任务之一。企业是最重要的科技创新主体，近几年我国企业的研发创新主体地位逐渐提升。2012年以来，我国超过40%的重大科技成果是由企业创造的（如图1-4所示）。[2] 此外，研发经费投入水平也位于国际前列，2016年，我国企业研发经费支出达到12 144亿元，占全部研发经费的77.5%，同年德国、美国、韩国、日本的企业研发经费支出分别占本国研发经费的68.2%、71.2%、77.7%、78.8%。[3]

因此，科技企业作为重要的市场主体，能够通过技术创新、产品创新、管理创新和模式创新获取竞争优势，并由此带动相关企业的发展，构建起现代化的产业集群和产业体系，形成高质量发展的新动力，推动高质量发展的实现。

---

[1] 新华网.世界知识产权组织：华为去年专利申请量全球第一[EB/OL].(2019-03-19)[2019-12-23].http://www.xinhuanet.com/2019-03/19/c_1124255792.htm.
[2] 国家统计局，科学技术部.中国科技统计年鉴—2018[M].北京：中国统计出版社，2018.
[3] 国家统计局，科学技术部.中国科技统计年鉴—2018[M].北京：中国统计出版社，2018.

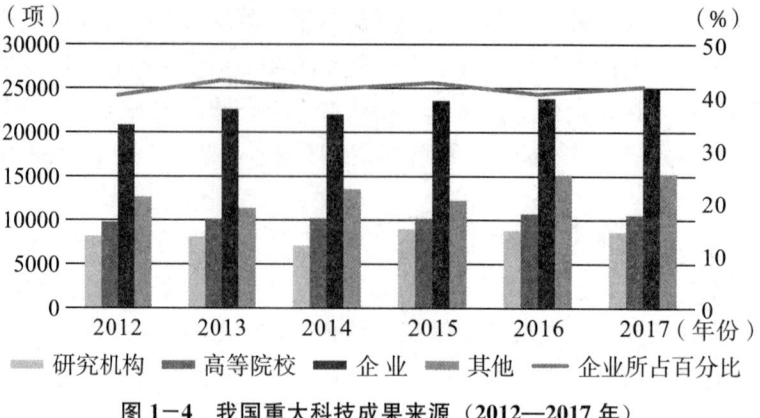

图 1-4　我国重大科技成果来源（2012—2017 年）

第二节　科技型中小企业

科技型中小企业是科技企业中的主要类型，它具有数量多、规模小、初创型、高风险等基本特征。科技型中小企业的发展需要在技术、人才、资本等方面提供重要支持。本节将重点就科技型中小企业的概念、特征、作用等进行分析。

一、科技型中小企业的概念

科技型企业在国外尚未形成统一的概念，通常这类企业又被称为高技术企业。目前，发达国家普遍采用的方法是在标准产业分类法产业统计基础上，用研究开发投入的强度和专业科技人员占总就业人数的比值（科技人员密度）作为综合指标来进行高技术产业的划分，两项密度指标高于制造业平均值两倍的企业通常被界定为科技型企业。

在我国，政府对科技型中小企业的认定有一个逐渐清晰的过程。1999 年，科技部设立了科技型中小企业技术创新基金，并首次定义了"科技型中小企业"这一概念。申请科技型中小企业技术创新基金的企业必须满足以下条件：①在中国境内所在地工商行政管理机关依法登记注册，具备企业法人资格；具有健全的财务管理制度；职工人数原则上不超过 500 人，其中具有大专以上学历的科技人员占职工总数的比例不低于 30%。②应主要从事高新技术产品的研制、开发、生产和服务业务；企业负责人应当具有较强的创新意识、较高的市场开拓能力和经营管理水平；每年用于高新技术产品研究开发的经费不低于销售额的 3%，直接从事研究开发的科技人员占职工总数的 10% 以上；对于已有主导产品并将逐步形成批量和已形成规模化生产的企业，必须有良好的经营业绩。

2015年，《科技部关于进一步推动科技型中小企业创新发展的若干意见》（国科发高〔2015〕3号），将科技型中小企业简要概括为"从事高新技术产品研发、生产和服务的中小企业群体"，但并没有提出具体的认定标准。

为了更好地促进科技型中小企业的发展，落实科技型中小企业精准扶持政策，壮大科技型中小企业群体，2017年科技部、财政部和国家税务总局研究制定了《科技型中小企业评价办法》（国科发政〔2017〕115号），将科技型中小企业界定为："依托一定数量的科技人员从事科学技术研究开发活动，取得自主知识产权并将其转化为高新技术产品或服务，从而实现可持续发展的中小企业。"同时将科技型中小企业的认定标准进行了统一，即科技型中小企业必须满足以下5个条件或前4个条件加任意一项附加项（4+1），详见表1-1。

表1-1 科技型中小企业必须满足的条件

（一）在中国境内注册的居民企业
（二）职工总数不超过500人，年销售收入不超过2亿元，资产总额不超过2亿元
（三）企业提供的产品和服务不属于国家规定的禁止、限制和淘汰类
（四）企业在填报上一年及当年内未发生重大安全、重大质量事故和严重环境违法、科研严重失信行为，且企业未列入经营异常名录和严重违法失信企业名单
（五）企业根据科技型中小企业评价指标进行综合评价所得分值不低于60分，且科技人员指标得分不得为0分
附加项： (1) 企业拥有有效期内高新技术企业资格证书 (2) 企业近五年内获得过国家级科技奖励，并在获奖单位中排在前三名 (3) 企业拥有经认定的省部级以上研发机构 (4) 企业近五年内主导制定过国际标准、国家标准或行业标准

表1-2 科技型中小企业评价指标

1. 科技人员指标（满分20分）。按科技人员数占企业职工总数的比例分档评价 A. 30%以上（20分） B. 25%~30%（16分） C. 20%~25%（12分） D. 15%~20%（8分） E. 10%~15%（4分） F. 10%以下（0分）

续表1-2

2. 研发投入指标（满分50分）。企业从（1）（2）两项指标中选择一项指标进行评分 (1) 按企业研发费用总额占销售收入总额的比例分档评价 A. 6%以上（50分） B. 5%~6%（40分） C. 4%~5%（30分） D. 3%~4%（20分） E. 2%~3%（10分） F. 2%以下（0分） (2) 按企业研发费用总额占成本费用支出总额的比例分档评价 A. 30%以上（50分） B. 25%~30%（40分） C. 20%~25%（30分） D. 15%~20%（20分） E. 10%~15%（10分） F. 10%以下（0分）
3. 科技成果指标（满分30分）。按企业拥有的在有效期内的与主要产品（或服务）相关的知识产权类别和数量（知识产权应没有争议或纠纷）分档评价 A. 1项及以上Ⅰ类知识产权（30分） B. 4项及以上Ⅱ类知识产权（24分） C. 3项Ⅱ类知识产权（18分） D. 2项Ⅱ类知识产权（12分） E. 1项Ⅱ类知识产权（6分） F. 没有知识产权（0分）

根据现有认定标准，科技型中小企业是一个包含质与量的复合概念，兼具科技特征与规模要求。科技特征决定着该类企业的本质属性，是其内核；规模要求是量的指标，决定着此类企业的规模大小。例如，在《科技型中小企业评价办法》中以拥有高新技术企业资格证书、科技人员占比、研发投入占比等界定此类企业质的属性；以职工总数不超过500人、资产总额不超过2亿元、年销售收入不高于2亿元来界定量的属性。综上，本书认为：科技型中小企业是指专门从事科学技术研发，能够取得自主知识产权并将其转化成高新技术产品或服务的具有特定规模的知识密集型企业。

二、科技型中小企业的特征

科技型中小企业明显区别于一般中小企业，具有科技含量高、研发投入大、创新力强、风险与不确定性高等特点。

（一）科技含量高

科技型中小企业是技术、知识、人才的集聚融合体，其科技含量主要体现在产品科技含量高、附加值高和从业人员素质高上。从产品看，科技型中小企业大多从事高新技术产品的研制、开发、生产、服务，所涉及领域包含较高科技含量，例如生物医药、新能源、新材料、电子信息等。从附加值看，科技型中小企业的产品或服务往往凝聚着各环节的智力投入，随着产品或服务的出现一般都会伴随着专利权、商标权、商业秘密等无形资产的产生。这些额外附加的无形资产往往比有形的商品价值更大，技术含量更高，例如软件、配方等。从从业人员看，企业科技人员数量在从业人员中占比较高，且一般均拥有较高的学历和专业能力。

（二）研发投入大

科技型中小企业主要研发生产高技术产品和服务，故所需要的人员、技术、设备的标准和要求也较高。一般而言，科技型中小企业的研发投入要比一般的中小企业高出许多，这主要是因为新技术的研发成本高、科技人员的人力成本高、产品的市场验证成本高等。戴浩、柳剑平（2018：137-145）研究发现，增加技术创新投入有助于挖掘科技型中小企业内部可利用的资源，从而提高创新绩效，以质的提高实现企业成长。这其中的技术创新投入就包含企业的研发经费、企业技术人员的引进和培养、企业自主技术创新以及产业优化升级方面的资金需求。①

（三）创新能力强

创新能力强是科技企业最主要的特点。在当前的市场经济中，要想在同类企业中赢得竞争就必须"稳中求变"，"变"就是创新。由于科技型中小企业是由一批懂技术、善管理的高技术人才创办和管理的，这些科技人才不仅有技术优势，能向社会提供具有高科技含量的产品和技术服务，而且他们还具有以创新为核心的企业家精神，善于不断地开拓新产品、新服务、新领域，并且敢于承担风险，由此激发企业整体的创新潜能。同时，科技企业的性质也意味着企业所提供的产品和服务必须具有技术上的创新性和前瞻性，无论在其创业阶段还是成长发展阶段，都必须要有大量的高科技人员、资金和相应设备的持续注入，以维持其新产品的开发和新技术的应用，这也为其创新奠定了坚实的基础。

（四）风险与不确定性高

科技型中小企业面临多种形式的风险是指企业在生命周期各个阶段以及技

---

① 戴浩，柳剑平. 政府补助对科技中小型企业成长的影响机理——技术创新投入的中介作用与市场环境的调节作用 [J]. 科技进步与对策，2018，35（23）：137-145.

术研发、成果转化、运营管理等各方面存在着不确定性，任何一个环节出了问题都会导致企业失败。初创期的科技型中小企业因技术不成熟、融资不顺或社会认可度低，前期融资不足加上流转资金较少，难以实现投入产出的平衡；成长期的科技型中小企业融资风险较初创期有所降低，此时面临的风险主要来自企业在运行过程中的经营风险和产品推广过程中的同业竞争风险；成熟期的科技型中小企业还会面临企业转型升级能否成功的风险。

三、科技型中小企业的作用

随着经济社会的快速发展，创新已经成为社会发展的主要驱动力。科技型中小企业正扮演着科技创新载体、大型企业基石、产业升级前沿、高质量发展基础等重要角色，它们在促进经济增长、推动技术进步、加快产业结构调整，最终助力实现高质量发展等方面发挥着重要作用。

（一）科技创新载体

科技型中小企业凭借其运行机制的灵活性、技术的创新性、较强的技术转化能力及更加贴近市场的优势，已经成为科技创新重要载体之一。通常说抓中小科技型企业，本质上就是抓创新发展的主线。[①] 如安徽省 2018 年入库的 4 303 家科技型中小企业中，就有 357 家建立了省部级以上的研发机构，2 051 家为高新技术企业，共取得Ⅰ类知识产权 7 215 件，Ⅱ类知识产权 34 738 件。[②] 科技型中小企业通过积极开展技术创新和研发活动，增强自主研发能力并取得自主知识产权，不仅能更好地走创新发展的道路、壮大科技型企业群体，还能推动强化企业的创新主体地位。

（二）大型企业基石

世界上许多成功的科技企业大多是从小企业发展而来的，例如苹果、微软、阿里巴巴等公司都是从小到大逐步成长起来的。另外，科技型中小企业本身对产业链上下游企业"外溢性很强"，在资本的运作下同行业间时常会出现协作以及并购重组，尤其是大型科技巨头往往会借助中小企业协作生产，从而集中精力进行主体技术和产品研发，以分散风险，降低生产成本。因此，科技型中小企业是大型企业形成的前期依托以及实现可持续发展的基石。

---

① 周国林,李耀尧,周建波. 中小企业、科技管理与创新经济发展——基于中国国家高新区科技型中小企业成长的经验分析[J]. 管理世界,2018,34（11）：188–189.

② 科技型中小企业服务网. 安徽省 2018 年科技型中小企业评价工作成绩斐然[EB/OL].（2019－02－09）[2019－12－23］. http://www.innofund.gov.cn/zxqyfw/gzdt/201902/0f918427bcd94ef4b6a497d7fd936a0b.shtml.

(三) 产业升级前沿

科技型中小企业在成长壮大的过程中孕育出的新思维、新技术、新成果，为产业转型升级提供了强大的科创推动力。科技型中小企业居于产业链的重要位置，起着承上启下、开拓创新的重要作用。科技型中小企业数量众多，它们的发展壮大不仅直接决定所在产业的迭代升级，而且还可以跨界赋能其他产业，助推相关产业的深度融合发展，进而促进产业结构整体层面的调整和优化。

(四) 高质量发展基础

企业是宏观经济运行的微观主体，是中观产业发展的基本组织，经济高质量发展归根结底需要通过企业这个微观基础的高质量发展予以实现。科技型中小企业作为我国技术创新的重要力量以及高质量发展的生力军，能够通过技术创新、产品创新、管理创新和模式创新获取竞争优势，并由此带动一系列相关企业的发展，构建起现代化的产业集群和产业体系，形成高质量发展的新动力，推动高质量发展的实现。

第三节 我国科技型中小企业的机遇与挑战

新时代是贯彻新发展理念、推动高质量发展的时代，高质量发展给处于创业阶段或转型升级中的科技型中小企业带来了时代机遇和挑战。

一、科技型中小企业的机遇

(一) 迎来新的发展机遇期

以习近平同志为核心的党中央多次就我国民营经济发展做出重要指示，释放出全力支持民营企业发展的强烈信号。2018年11月1日习近平总书记在民营企业座谈会上的讲话充分肯定我国民营经济的重要地位和作用，并从民营企业外部因素和内部因素、客观原因和主观原因深入分析当前民营经济发展遇到的困难和问题，明确提出从"减轻企业税费负担""解决民营企业融资难融资贵问题""营造公平竞争环境""完善政策执行方式""构建亲清新型政商关系""保护企业家人身和财产安全"6个方面大力支持民营企业发展的政策举措。[①] 科技型中小企业多数都属于民营性质，因此这也意味着科技型中小企业迎来新的发展机遇期。科技型中小企业应紧紧抓住简政放权、减税降费和深化"放管

---

① 习近平. 在民营企业座谈会上的讲话 [N]. 人民日报，2018-11-02 (1).

服"等一系列优化营商环境的利好政策，增强创新能力，通过技术创新、产品创新、管理创新、模式创新获取核心竞争力，走好高质量发展之路。

（二）政策帮扶更精准

从中央到地方均出台了税费减免、科技贷款扶持、专项资金投入等科技创新支持政策以优化创业环境、完善服务体系、拓宽融资渠道，切实推动科技型中小企业的创新发展。中央层面，中央政府主要以结构性减税降费的政策引导为主，2019年全年预估减税降费2万亿元。地方层面，地方政府为助力科技型中小企业发展，通过营商环境建设为中小企业营造公平的市场环境，通过财政支持、产业基金引导、社会资本参与等方式助力科技型中小企业融资，通过实施人才引进和培育政策帮助中小企业解决人才困难问题。

（三）科技投入不断加大

科技创新的投入力度不断加大，实力不断增强，为科技型中小企业发展提供了良好的创新环境。2018年，全社会研发经费达到1.97万亿元，比2012年增长了91.3%，研发经费支出占国内生产总值的比重为2.19%，超过欧盟15国的平均水平。[①] 科技体制改革不断向纵深推进，与科技型中小企业发展相关的人、财、物等要素投入均呈现出上升趋势。2018年，研发人员全时当量为438.1万人年，较2013年增长了24%；国家财政科技拨款从2013年的6 184.9亿元，上升至2018年的9 518.2亿元，年平均增长率为9%。[②] 创新创业孵化链条日趋完善，2018年全国科技企业孵化器数量达4 849个，孵化器内有206 024家在孵企业；全国众创空间数量达6 959家，2018年全年服务的创业团队的数量达到238 969个，其中初创型企业占比超过七成。[③]

二、科技型中小企业的挑战

高质量发展背景下，科技型中小企业也面临着融资难、融资贵，区域间科技资源投入差异较大，市场竞争加剧，外部环境不公平问题以及复杂多样的风险挑战。

（一）融资难、融资贵

科技型中小企业通过外部融资渠道获取资金的能力和来源有限，其面临的融资难、融资贵等资金筹措问题依旧存在。科技型中小企业前期的外部资金来

[①] 数据来源：根据历年统计年鉴及《2018年全国科技经费投入统计公报》整理。
[②] 数据来源：根据历年统计年鉴及《2018年全国科技经费投入统计公报》整理。
[③] 数据来源：根据科学技术部火炬高技术产业开发中心发布的《2018年火炬统计手册》整理。

源主要涉及政府财政资金、资本市场、银行信贷等金融支持体系。早在 1999 年，科技部为更好地扶持和引导科技型中小企业的技术创新活动，设立了科技型中小企业技术创新基金，通过拨款资助、资本金投入等直接投入的方式和贷款贴息等间接补贴的方式缓解科技型中小企业资金获取难的问题。该创新基金被定位为一种引导性资金，按照市场化机制运作，即通过政府基金的先期投入引导金融机构、风投机构或其余市场主体等各类社会资本对科技型中小企业的创新活动进行投资。郭研、郭迪、姜坤（2016：114－128）的研究发现政府的资助政策一般会倾向于全要素生产率较高的企业，同时获得资助的企业在基金注入后较之前的全要素生产率有了进一步的提高，即创新基金存在事前的选择效应和事后对企业全要素生产率的促进效应。[1] 但是从 2013 年开始，国家十余项主要科技计划中直接拨款于科技型中小企业技术创新基金的扶持金额呈下降趋势（见图 1－5）。[2]

创业投资方面，风险投资机构出于保守型投资的考虑，其风险容忍度低于政府财政资金，大部分投资于企业的成长（扩张）期，对高风险、少资金的起步期投资较少（图 1－6）。[3]银行信贷方面，由于科技型中小企业创新性强蕴含着未知经营风险大的特点，以及企业组织架构等不完善带来的管理不规范、信息不透明等问题，与银行体系的风险管理模式、金融产品创新模式、绩效考核方法不适应，导致银行难以满足科技金融领域的实际资金需求。因此，科技型中小企业的融资难、融资贵问题仍然存在。

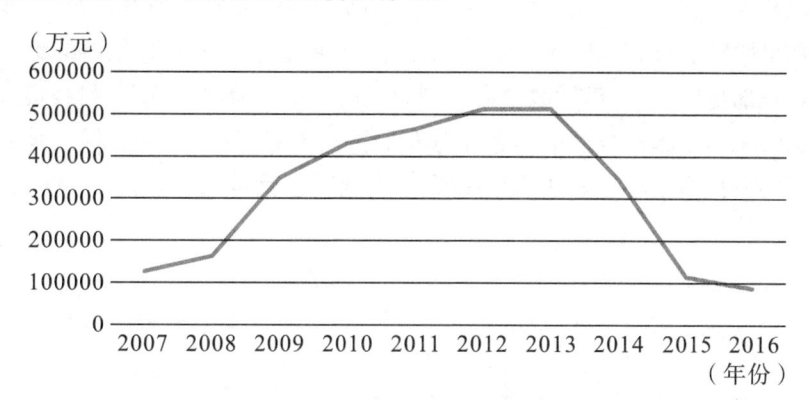

图 1－5　科技型中小企业技术创新基金支持金额

---

[1] 郭研，郭迪，姜坤. 市场失灵、政府干预与创新激励——对科技型中小企业创新基金的实证检验［J］. 经济科学，2016（3）：114－128.
[2] 根据《中国科技统计年鉴 2018》以及科技型中小企业技术创新基金网整理。
[3] 马琳，张佳睿. 充分发挥风险投资对科技型中小企业的支持作用［J］. 经济纵横，2013（9）：40－43.

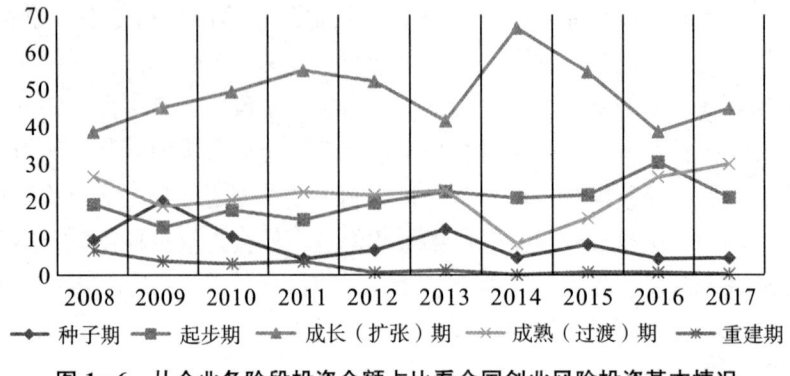

图 1-6 从企业各阶段投资金额占比看全国创业风险投资基本情况

（二）区域间科技资源投入差异较大

东、中、西、东北四大经济区域科技资源差别较大，梯次联动的区域创新布局效应还不明显。从近年最新数据看研发人员的区域分布，东部地区10省市有研发人员40万人左右，是中部地区的2.12倍，东北地区的3.9倍，西部地区的5.39倍。就政府研发投入区域分布来看，东部地区10省市来自政府资金的研发经费内部支出平均达21万元，是东北地区的2.99倍，中部地区的3.17倍，西部地区的3.56倍。国家自主创新示范区和国家高新区是区域创新发展的核心载体和重要引擎，北京中关村、武汉东湖、上海张江、广东深圳等国家自主创新示范区对所在地区国内生产总值增长贡献超过20%。[①] 而从19个国家自主创新示范区以及169个国家高新区的地区分布来看，东、中、西、东北部呈阶梯状分布（图1-7）。[②] 就4 063个在统科技企业孵化器的地区分布来看，东部地区10省市的数量占全国总量的62%（图1-8）。[③] 科技资源的不平衡也带来了全国科技型中小企业分布的区域差异。截至2019年3月底，东部地区的科技型中小企业达131 327家，占全国总量的65%（图1-9）[④]。

[①] 万钢. 打造高质量发展的科技创新引擎 [J]. 求是, 2018 (6)：24-26.
[②] 国家统计局, 科学技术部. 中国科技统计年鉴—2018 [M]. 北京：中国统计出版社, 2018.
[③] 国家统计局, 科学技术部. 中国科技统计年鉴—2018 [M]. 北京：中国统计出版社, 2018.
[④] 科技型中小企业服务网. http://www.innofund.gov.cn/.

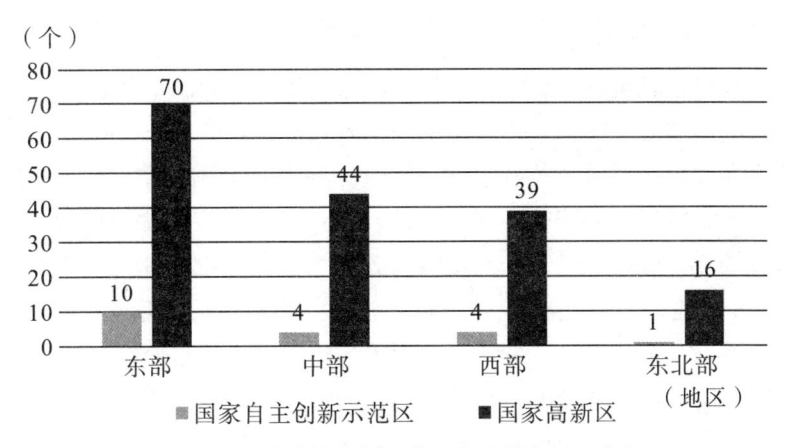

图 1-7　国家自主创新示范区及国家高新区分布

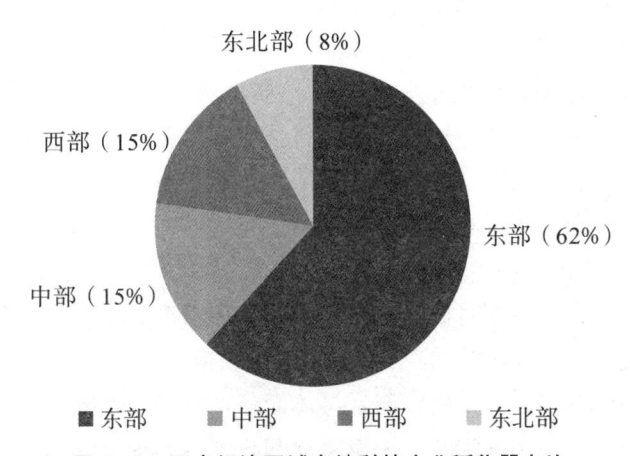

图 1-8　四大经济区域在统科技企业孵化器占比

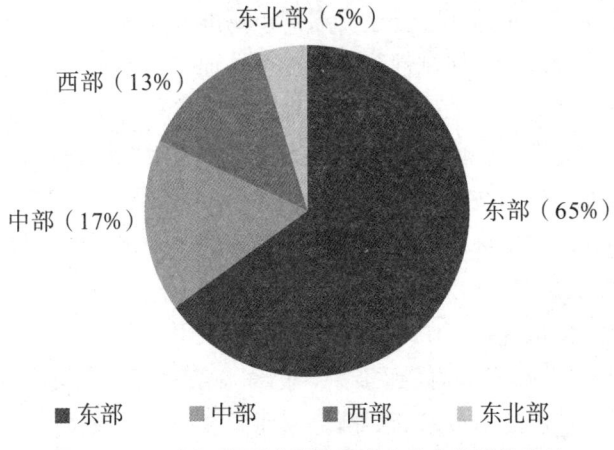

图 1-9　四大经济区域科技型中小企业注册数占比

（三）市场竞争加剧

质量和效益是衡量一个企业竞争力的主要指标。党的十九大报告指出，建设现代化经济体系，必须坚持质量第一、效益优先，这反映了我国跨越攻关期的主攻方向，也指明了科技型中小企业面对市场化竞争时的主要着力点。围绕高质量跨越式发展首要战略，深入贯彻新发展理念，我国加快培育竞争力强、水平领先企业的布局，2018年我国"独角兽企业"数量达到202家，截至2019年12月底，"瞪羚企业"认证数已达21 200家，它们都具有创新能力强、成果转换率高、覆盖面广、发展潜力大等优势。以这一类为代表的科技型标杆企业正引领着新一轮科技革命和产业变革的时代潮流，它们能够吸引更多的社会资本，创造更优的知识产权，更好地转化科技成果，这无疑给成长中的科技型中小企业带来了冲击和挑战。还应看到，我国经济发展正处于增速换挡、结构优化、动能转换的关键期，经济增长下行压力较大，国际贸易摩擦不断加剧，企业在发展中普遍遇到了一些瓶颈，如市场需求不旺、税费负担仍然较重、制度性交易成本高等，这也加大了科技型中小企业高质量发展的阻力。科技型中小企业只有切实提升创新创造水平，打造自身的核心竞争力，才能在激烈的市场竞争中夺得先机和优势。

（四）不公平的外部环境

科技型中小企业主要是民营性质，它们在参与市场竞争中普遍会遇到"卷帘门""玻璃门""旋转门"等不公平待遇，在市场准入、审批许可、经营运行、招投标等方面受到一定的限制。具体而言，一是隐形壁垒造成市场准入的不平等，与负面清单制度配套的法律法规和政策不够细化、执行过程中落实不到位、管理主体过多、程序和管理体系较复杂等各种因素叠加，使得我国离建立一个统一开放、公平透明、公正有序的市场准入目标还有一些差距，民营企业的发展空间有限。二是体制性障碍造成主体地位的不平等，表现在传统固有的思想观念以及由此产生的体制上的区别对待，使得许多民营企业从成立之初就注定了难以在简政放权、政策扶持等方面享有应有的待遇，权利平等、规则平等、机会平等的目标在短期内还难以实现。三是政府资源配置方式滞后造成资源配置不平等，如民营企业仍难以参与混改国企中优质的、效益好的项目。

（五）面临复杂多样的风险

这里的风险是指科技型中小企业在研发和运用过程中所产生的风险。由于我国科技型中小企业发展时间还很短，仍面临着技术、市场、财务等各类风险。技术风险是指由于新技术的不确定性而导致企业在研发过程中失败的可能性，它主要存在于科技型中小企业的前期创新研发过程，具体表现为技术成功的不确定性、技术效果的不确定性和技术寿命的不确定性。市场风险主要来源于高新技术产品所面临的市场潜在性，它主要存在于科技型中小企业的创新成果转化过程，并随着产业化的不断推进而逐渐增大。主要表现为难以确定市场的接受能力，难以确定市场的竞争能力和难以保证高新技术成果的转化能力。财务风险是指前期难以确定是否有足够的资金支撑科技创新的研发活动，后期难以确定是否有足够的利润回报用于资金周转。它主要包括高新技术研发和产业化过程中所面临的资金筹集风险以及高新技术市场化后所面临的利润创造风险。

第二章　科技型中小企业信用评估理论研究

对科技型中小企业信用评估的研究应当首先从信用的基本概念入手，然后过渡到对信用评估内容的了解，并由此延伸到对科技型中小企业信用评估的认识。在对这些基本概念有了初步了解后，本章重点对国内外科技型中小企业信用评估理论的发展现状进行梳理和总结，只有这样才能从理论的高度掌握本书研究对象的基本属性与最新进展。

第一节　信用与信用评估

一、信用概述

信用是现代企业生产经营的要素之一，作为一种资本形态，同时也与物质资本、人力资本共同促进企业和社会生产力的发展。

（一）信用的概念

国内外的权威辞典里有对信用的经济解释或法律解释。《新帕尔格雷夫经济学大辞典》对信用的解释是："提供信贷意味着把对某物（如一笔钱）的财产权给予让渡，以交换在将来的某一特定时刻对另外的物品（如另外一部分钱）的所有权。"[1]《马克思主义原理辞典》对信用的解释是："商品买卖中的延期付款或货币的借贷行为。信用是在商品货币关系的基础上产生和发展起来的，是以偿还为条件的价值运动的特殊形式。信用的特征主要有：价值单方面的转让；到期归还；收取一定利息。"[2]《中国大百科全书·经济学（Ⅰ－Ⅲ）》将信用解释为："不同所有者之间以契约关系保障贷出的本金及相应的利息回流的借贷行为。在这一关系下，借贷双方约定：贷方将一定的商品或货币贷给

---

[1] 约翰·伊特维尔，默里·米尔盖特，彼得·纽曼. 新帕尔格雷夫经济学大辞典：第一卷 [M]. 陈岱孙，董辅礽，罗元明，等译. 北京：经济科学出版社，1992：773.
[2] 刘炳瑛. 马克思主义原理辞典 [M]. 杭州：浙江人民出版社，1988：607.

借方使用，到期时，借方除归还本金外，还需支付一定的利息。贷方在贷出商品或货币的同时，获得了要求借方按期归还本金和利息的债权；借方在借入商品或货币的同时，承担了按期归还本金和利息的债务。"① 《牛津法律大辞典》的解释是："信用指在作为回报而得到或提供货物或服务时，并非立即进行偿付，而是允诺在将来进行偿付的做法。"②

国内外学者的信用观有所不同。国外学者的信用观可以概括为信用借贷论和信用成约论，我国学者的信用观可以概括为信用伦理观、信用经济观和信用法律观。

1. 国外学者的信用观

国外学者的信用观可以归纳为信用借贷论和信用成约论。信用借贷论的代表人物有亚当·斯密、杜尔阁、瓦尔拉斯等。信用借贷论认为，信用体现在商品的赊销或货币的借贷过程之中，例如斯密认为信用是借贷过程中"让渡了一种使用价值"。信用成约论的代表人物有约翰·穆勒、麦克劳德、康芒斯等。信用成约论认为，信用是构建起债务人和债权人契约关系的基础和内在因素，它不仅体现为债务人对按期偿还债务的承诺和兑现，还体现为债权人对债务人偿还债权的心理信任和偿债能力的肯定。

2. 我国学者的信用观

信用伦理观是在伦理学的层面上讨论信用的一般规定问题的，信用被认为是一种普遍的处理人际关系的伦理规范和道德标准，是最基本的社会道德。焦国成（2009：22—27）认为，信用表现的是一个人内在稳定的心理倾向和道德品质。这主要是从个体自身的道德形成结果而言的。③ 陈绪新（2007：10—15）将信用伦理视为一个"道德生态"，是一个双向互动的社会人伦关系建构的过程，即一个以相互信任为纽带的允诺方所构成的首尾相接链环。④ 这主要是从造成个体道德形成结果的内在过程要素来看的。

信用经济观对信用问题的分析探讨基于经济学视角，把信用理解为一个经济范畴，其经济学本质就是"以偿还为条件的价值运动的特殊形式"（《政治经

---

① 中国大百科全书总编辑委员会《经济学》编辑委员会，中国大百科全书出版社编辑部. 中国大百科全书·经济学（Ⅰ—Ⅲ）[M]. 北京：中国大百科全书出版社，2009：283.
② 戴维·M. 沃克. 牛津法律大辞典[M]. 李双元，等译. 北京社会与科技发展研究所组织翻译. 北京：光明日报出版社，2003：282.
③ 焦国成. 试论信用行为的道德价值判定[J]. 河南师范大学学报（哲学社会科学版），2009，36（1）：22—27.
④ 陈绪新. 解读信用理念形上原理及其伦理意涵的道德生态[J]. 科学技术与辩证法，2007，24（2）：10—15.

济学大辞典》，1988）。马本江（2008：14—16）认为，信用是市场交易中交易主体自觉地如实履行支付成本的行为，它体现于交易主体在交易时产品的质量、型号、功能等与约定或承诺的内容一致，没有欺骗交易对象的行为。[①] 郭清马（2009：10—13）认为，信用是指因价值交换的滞后而产生的赊销活动，是以契约或协议为保障的不同时间间隔下的经济交易关系。[②] 戴志敏、金欣（2010：164—169）列示出信用的数学表达式："$C = \{(R_{AT} | \text{Asset}_{BT}) \cdot CW_B | R_{A0}\}$"，或者"$C = \{[(R_{AT} | \text{Asset}_{BT}) \cdot CW_B + C_{\text{other}}] | R_{A0}\}$"，并将该表达式解读为："资源需求方和资源供给方签订一项资源使用契约，以资源需求方的履约意愿和未来的履约能力为基础，或者以已经成立的一种或多种信用关系为基础，由资源供给方首先提供一定资源给资源需求方使用，资源需求方则根据自己所能支配的资源，在未来约定的时间和地点向资源提供方支付约定的资源及资源使用费用。"[③] 由此可见，主体的信用会受到外界环境、交易对象的约束，只是信用伦理观认为信用主要受到非正式制度的约束，人们在长期社会交往过程中逐步形成的行为准则会对主体的信用施加影响；而信用经济观则认为主体信用会受到合同、契约和协议等正式制度的约束。

信用法律观基于法学的视角，侧重于对债务人经济能力及其社会评价方面的考察。该观点认为信用是指民事主体因具备偿付债务的能力而在社会交往和所形成的社会关系中获得相应的信赖和评价。正如韦子唯（2016：74—78）所言："信用要求人们诚实和守信地履行自己负担的义务和职责。"[④]

从信用经济观的视角出发，本书认为：狭义的信用是参与市场经济活动的主体在信任的基础上形成的一种交易能力，凭借这种能力就可以参与不用立即给付回报就可获得物质、资金或服务的借贷活动。广义的信用在狭义的信用含义基础上，延伸为交易主体拥有的能够按期还本付息的心理承诺与预期实践相结合的意愿和能力。

（二）信用的起源与发展

在人类社会发展的早期，信用只具有伦理学的意义。正如马克思所说："我们越往前追溯历史，个人，从而也是进行生产的个人，就越表现为不独立，

[①] 马本江. 经济学中信任、信用与信誉的概念界定与区分初探——兼论信任问题与信用问题的一致性 [J]. 生产力研究，2008（12）：14—16.
[②] 郭清马. 社会信用体系建设：概念、框架与路径选择 [J]. 征信，2009，27（5）：10—13.
[③] 戴志敏，金欣. 信用及信用风险的内涵研究 [J]. 浙江学刊，2010（1）：164—169.
[④] 韦子唯. 基于信用价值的公司法理念再思考——以公司信用构成要素为视角 [J]. 学术研究，2016（6）：74—78.

从属于一个较大的整体。"① 在原始社会分工合作的过程当中，由于受到生产力的限制，个人活动必须从属于整体活动才能够达到共同的目的。每个人在承担并履行自身职责的时候，必然会对群体里的其余参与者的行为活动进行预判，只有彼此之间相互信任，即相信对方会采取事先约定的行动，大家才可能自觉履行好职责，最终达成群体的既定目标。这种彼此信任的心理使得在面临生存需要的压迫下，个体本能地会采取利他行为，这种利他行为调节着原始部落之间和原始部落内部人与人之间的关系。

伴随着简单的物物交换以及以货币为媒介的交换兴起，信用逐渐衍生出经济含义。在原始社会中后期，随着生产力的发展、生产工具的改进，人们除了能生产出维持自我生存的劳动成果，还有一小部分的剩余劳动产品，于是一种非常简单、偶然的物物交换开始发生。这种交换发生时，双方对彼此的信任超越了人类早期阶段仅是对个体行为的相信，还将考虑与对方交换的产品是否能满足自身的需求。直接的物物交换虽然看似简单，实则包含"我正好需要对方的产品，而对方也正好需要我的产品"这一要求，因此人们往往要下功夫才能找到合适的交易对象，这在很大程度上限制了交易的次数和范围。随着交易活动的频繁推进，人们在这个过程中发现有种商品大家普遍都需要，并且相信这种商品能在更广泛的交易场所和交易主体中被接受，便把它作为媒介性的商品固定下来，这种特殊的商品就变为能与许多商品相交换的一般等价物。自此，人们对具体的人或物的信任就转变为对固定充当一般等价物的商品即货币的信任。以货币为媒介的交换比物物交换更能促进交易的达成，商品的让渡同商品价格的实现也有了时间上分离的可能性，此时的货币执行支付手段的职能。这时买者和卖者已经不是简单的买卖关系，而是存在一种债务关系，买者成了债务人，卖者成了债权人，货币执行支付手段的职能就包含一方因信任对方而提前将自己的经济价值让渡给对方使用。马克思曾引用图克的话来说明他所理解的信用的含义："信用，在它的最简单的表现上，是一种适当的或不适当的信任，它使一个人把一定的资本额，以货币形式或以估计为一定货币价值的商品形式，委托给另一个人，这个资本额到期后一定要偿还。"②

社会生产力的发展和社会分工的细化使得市场经济中的交易双方的信息逐渐不对称，生产周期和销售周期的缩短与信息不对称带来的交易效率损失形成

---

① 中共中央马克思恩格斯列宁斯大林著作编译局. 马克思恩格斯全集：第 46 卷（上）[M]. 北京：人民出版社，2006：21.
② 马克思. 资本论：第 3 卷 [M]. 北京：人民出版社，2018：452.

一对矛盾。为了克服因市场交易范围的扩大以及交易对象的多样化带来的种种问题，交易双方往往可以利用彼此的历史信用记录作为判断其将来是否会信守契约、其产品是否符合心理预期的推测依据，即便如此也终究没有解决要靠个体力量进行信息搜集的问题。为了节约因重复搜寻而增加的交易成本，弥补因个人能力有限而难以获取全面信息带来的效率损失，专门提供搜集并处理主体信用信息服务的征信机构，以及评价主体信用状况的资信评级机构等第三方信用中介组织应运而生，政府对于信用行业的管理日趋完善，现代信用制度成为社会经济机制正常运转的有机组成部分。

（三）信用的分类

信用按受信对象进行分类，可以分为政府（公共）信用、个人信用、企业信用等。

政府（公共）信用，是社会公众对作为公共权力机构或公共权力代理者的所有政府机构和公务人员信守承诺意愿和能力的评价。

个人信用，是由一定的契约关系所规定的信用，它使得受信方不用立刻付现就可获得商品或服务。受信方可利用个人信用进行消费贷款，也可凭借所获资金进行生产经营。

企业信用，是对企业作为市场主体履行经济契约的能力和意愿以及企业整体可信度所进行的判定，具体还可细分为广义的企业信用和狭义的企业信用。广义的企业信用是社会对企业履行承诺的能力和意愿的预期，是对企业诚信和信誉的总体评价。狭义的企业信用是指企业在到期日能够履行承诺按时偿还债务的能力和意愿。

（四）信用的作用

信用是从抽象的意识发展转化成具体的、可交易的商品，这种商品又是每个信用主体的资本。信用是一种资本，具备可交易性、可管理性、可度量性，能产生社会价值、时间价值和经济价值；信用是现代社会的生产要素，推动经济社会的发展升级；信用也是现代社会的消费要素，是我们长期积累的无形资产。

1. 信用是一种资本

信用是获得信任的资本，是主体在经济交易和社会交往中特定的水平象征，信用等级越高的主体被社会认可的可能性就越大。正是因为信用资本具有使主体获得某种资格的功能，因而在大多数情况下，社会会通过对主体信用资本的评价来确定主体是否具备相应的资质。比如，银行信贷授信首先要对申请人的信用信息进行审核评价，确定申请人的信用价值，以确认他是否具备受信的资格并做出是否授信的决定，再根据不同申请人信用资本水平的高低来确定具体的授信额度。

2. 信用是一种交易手段

市场主体即使没有实物资本，也可凭借信用资本参与经济交易和社会资源配置。在传统的经济条件下，实物资本似乎是参与经济交易和社会资源配置的必要条件，市场主体只有拥有资本、土地、厂房等要素才可能开展生产、销售等经济活动。然而，在信用经济条件下，个人或企业凭借历史交易行为积累起来的信用资本，也能够完成资金筹措、生产经营等经济活动。总之，信用资本是一种可以加以利用的资源，可以作为资金融通和价值增值的手段。

3. 信用是社会资源配置的依据

在现代信用经济中，信用资本是社会资源配置的新依据与方式。信用资本作为一种手段使交易主体参与社会资源配置的手段更加多元化，能够在市场上获得更多参与交易的机会。作为资源配置的新依据，信用资本有时还比实体资本来得更加直接，甚至能够发挥一票否决的作用。有信用的人或企业往往会获得更多更好的机会，从而获得更广泛更优质的社会资源，违反社会信用规则或缺乏诚信经营意识的企业，就算实力再强，也会因社会资源的流失而日趋没落。

4. 信用成就高质量经济

一般来说，信用的发展程度和经济发展质量之间存在着高度的相关性，信用度越高的国家和地区，其社会分工越完善，市场交易越活跃，经济发展速度就越快；反过来，经济较发达的国家和地区，对信用的要求也较高。从《国家发展改革委办公厅　人民银行办公厅关于印发首批社会信用体系建设示范城市名单的通知》（发改办财金〔2017〕2158号）中不难看出经济创新发展程度越深、开放共享理念越新的城市，其对信用的要求越高，城市信用体系建设的工作力度越大；在城市经济管理过程中，通过信用建设加强治理转型和资源配置方式，也必将提升经济的运行质量。

二、信用评估概述

信用评估是通过信用评估机构对被评估对象的发展态势、财务状况和信用记录等状况进行综合评价，从而测定其守信程度、履约能力，并以通用的信用符号标明其信用等级，为被评估对象本身、充分发挥风险投资对科技型中小企业及社会各界提供决策参考。从不同的角度可以将信用评估划分为不同的种类，一般看来，企业信用评估较为广泛和典型。对企业开展信用评估，有助于甄别不同信用等级的企业，从而提高企业融资的效率；有助于为广大投资者进行资金配置提供参考；有助于推动经济实现高质量发展。

（一）信用评估的概念

中国人民银行于2006年11月21日发布并实施的《信贷市场和银行间债券市场信用评级规范》中将信用评估界定为：由独立的信用评级机构全面分析研究评级对象的信用风险因素，就其偿还债务的能力及其偿债意愿做出综合评价，并以简单的符号表示。简言之，信用评估也就是对评级对象信用风险度量，用以揭示评级对象的风险程度。[①] 张润驰、杜亚斌、薛立国（2018：82－95）认为，就信用评估的性质而言，其本质是一种分类问题，即根据待评估样本的多维度属性特征，设计合适的模型将所有样本分为信用好、信用差等若干类。[②]

信用评估活动是对被评估对象的资金、信誉从质和量方面进行检验和计量，并科学、客观地做出全面评价的过程。信用评级机构接受委托人的委托，按照一定的程序、办法和标准，对委托人的偿债能力、信誉状况、履约的可靠性进行调查、研究和综合分析，做出定性、定量的评估，确定其信誉等级，并将结果向社会公布。因此，信用评级活动可以说是一种社会活动，为投资者及社会各界提供科学、公正、准确、及时的信息和投资决策参考。

（二）信用评估的分类

从不同的角度可以将信用评估划分为不同的种类。按评估对象的不同，信用评估可分为金融工具评估、工商企业评估、金融机构财务实力评估、公用事业评估和政府评估。按债务工具期限的长短，信用评估可分为长期债务评估和短期债务评估。按评估对象债务的范围，信用评估可分为债务发行评估与发行人评估。按债务计价货币币种，信用评估可分为本币评估和外币评估。按评估结果的适用范围，信用评估可分为国内标准评估与全球标准评估。

企业信用评估的概念有广义和狭义之分。广义的企业信用评估是相关市场主体对某一企业是否能够遵照相关的法律法规履行合同、债务和承诺行为的预测和评价。而狭义的企业信用评估一般是指由独立、专业的第三方机构通过设立能够全面反映企业信用状况、管理能力、盈利能力、经营活动、经营成果、获利能力、偿债能力和成长能力等定性、定量的信用信息，在此基础上运用科学的评级方法对企业信用水平做出评价，确定企业的信用等级并用特定符号作为标识。企业信用评估有以下要点。

---

① 顾海峰．基于银保协作路径的商业银行信用风险识别机制研究——兼论贷款企业信用评估系统[J]．金融理论与实践，2013（1）：7-12．

② 张润驰，杜亚斌，薛立国．基于相似样本归并的大样本混合信用评估模型[J]．管理科学学报，2018（7）：82-95．

1. 评价主体的独立性、专业性

评价主体的独立性、专业性主要是指评价主体作为第三方，在评价企业信用时，保持中立客观，避免主观随意；在评价中，要运用专业的方法，体现出评价的科学性。

2. 评价标准的综合性

第三方设定的评价标准要求能够全面反映企业的信用状况，需要综合考察企业的财务结构、经营管理能力、发展前景以及构建实际控制人、团队成员的画像，对企业的基本信息、财务指标、非财务指标的数据进行收集、整理、加工，定量信息和定性信息相结合，进行多维度、多层次、全方位的分析。

3. 评价方法多样

评价方法主要有判别分析法、综合评判法、人工神经网络法、模糊分析法等，各种评价方法都有其优点缺陷，各自也有所侧重。例如，模糊分析法尽管不是建立在传统数学的基础上，由此很难对其逻辑系统的正确性加以验证，系统的稳定性也很难获得理论上的保证，但是企业信用评估其实也是一个模糊性问题，在分析过程中需要人为地将某些定量指标转化为定性指标，或者将定性指标转化为定量指标，其最终的信用状态如何，用精确数学"是"或"非"的概念也很难做出判断。

4. 确定信用等级

评级机构基于相应的评级方法对评级企业的各类指标进行打分，根据各指标的权重系数计算总得分并确定企业的信用等级。各项指标在同一指标体系中的重要性不尽相同，这也决定了各指标对应的权重系数有大有小。有些指标对企业的信用状况起着关键性的作用，那么对应的权重系数就会大一些；有些指标对企业的信用状况影响较小，那么对应的权重系数也就会相对较小。最终的信用等级通常分为A、B、C、D 4级，在同一级别内常常又分为3等，如在A级中又分为AAA级、AA级、A级。一般来说，AAA级为最高级别，D级为最低级别。

（三）信用评估的流程

以企业信用评估为例，信用评估的流程由明确评估目标、构建指标体系、收集企业数据和确定信用等级等步骤组成。企业信用评估的具体流程如下。

1. 明确评估目标

评估目标具有导向性作用。只有在明确评估目标的基础上，才能通过选用合适的指标体系和采用适当的评估方法来达到相应的评估目的，从而精准地解决某一特定的问题。明确评估目标包括确定具体的评估对象、评估目的以及评估内容。

2. 构建指标体系

指标体系是进行信用评估的基础。指标体系的设计与构建要充分突出实用性、针对性等特色，要在实际的运用中具有普遍适用性。一套规范的指标体系应具备全面的指标、合理的分值与权重、清晰的体系与标准等要素。

3. 收集企业数据

企业数据是进行信用评估的关键信息。依照设定的指标体系，有选择性地收集目标企业的相关信息，如企业的经营状况、创新成果等。企业数据的来源包括从企业内部获取以及通过政府部门、第三方机构或平台获取等。

4. 确定信用等级

信用等级是信用评估的结果。根据构建的信用评估体系，将收集到的企业原始数据或转换数据与之相比对和计算，进而测算出该企业的综合信用数值，并辅以不同的信用等级进行标示，形成最终的信用评估报告。

（四）信用评估的意义

信用评估的开展对企业、广大投资者以及整个市场经济都意义重大，具体体现在：信用评估可以甄别不同信用等级的企业，以提高企业融资的效率；信用评估的风险提示功能为广大投资者进行资金配置提供参考；信用评估作为社会监督的重要内容，能够推动经济高质量发展。

1. 信用评估能够提高企业融资的效率

信用评估可以有效地甄别高信用等级的企业和低信用等级的企业。如果某企业获得了高信用等级的认证，那么信用评估可以减少企业的融资制约，降低企业的融资成本。信用评估相当于为筹资企业出具了一份客观公正的证明，信用良好的企业可以由此提高社会知名度，这也相当于提升了企业的无形资产，能够吸引投资者、上下游企业以及客户同其放心地开展合作。尤其是对中小型企业来说，在寻求银行或其他金融机构贷款的情况下，其信用状况的好坏对信贷融资能否成功起着至关重要的作用。良好的信用评估结果可以提升被评企业的信用地位，从而扩大投资基础，拓宽融资渠道，稳定融资来源。

2. 信用评估能够为广大投资者进行资金配置提供参考

投资者是信用评估的主要信息使用者。对投资者而言，信用评估最主要的功能是风险提示。此外，信用评估还有助于降低投资者的信息成本，方便其进行有效的投资组合。金融市场的快速发展给广大投资者带来了更多的投资机会和选择，也使投资者不得不面对更大、更复杂的金融风险。信用评估机构通过对被评估企业进行专业、客观、公正的信用评估，并使用简洁的符号直观地反映该企业的信用状况，为投资者提供投资风险分析的参考，从而有利于投资者在保证资金安全的前提下实现收益的最大化。

3. 信用评估能够推动经济高质量发展

信用评估是市场经济发展的必然产物，也是市场机制不可缺少的组成部分。从一定意义上说，市场经济就是信用经济，市场主体存在的失信行为，必然会破坏市场的正常运行秩序。信用评估体系的建立和完善可以有效缓解市场信息的不透明性，提升市场交易效率；可以通过信用评估的监督监管以及信用约束作用，降低市场经济交易成本、管理成本。为经济社会发展营造良好的信用环境和氛围，将会更好地推动我国经济高质量发展。

第二节　科技型中小企业信用评估

在高质量发展的背景下，对科技型中小企业进行信用评估有其必要性和紧迫性。科技型中小企业通过科技创新有助于创新驱动战略的实施，进而推动经济高质量发展，然而融资难、融资贵的问题仍是制约科技型中小企业取得长足发展的一大因素，若能有效地缓解融资难、融资贵问题，必能更好地激发科技型中小企业这一创新主体的创新活力。对科技型中小企业开展信用评估能够从外部解决其融资难的问题，它不仅利于政府对科技型中小企业的识别，实现精准扶持，还可以改善科技型中小企业融资环境，拓宽其融资渠道。

一、科技型中小企业信用评估的概述

（一）科技型中小企业信用评估的概念

科技型中小企业信用评估是指独立、专业的第三方评估机构基于科学、客观的评估标准和评估方法对科技型中小企业的信用情况进行评估的活动。通过科学有效、公正合理的信用评估方法对科技型中小企业的基础信息进行处理，可得到企业相应的信用等级。信用等级代表该科技型中小企业的信用情况，信用等级高意味着企业运营状况、市场前景、创新能力和抗风险能力等方面综合表现良好，未来履约的能力和意愿强；信用等级低意味着企业各方面综合表现较差，未来履约的能力和意愿弱，不能按约定及时还款的风险较大。

（二）科技型中小企业信用评估的特点

评估对象的特殊性要求信用评估标准和方法既要有全面性又要有针对性，既要有定量分析还要有定性分析。

1. 全面性

全面性要求科技型中小企业信用评估体系的构建应全面反映影响科技型企业信用状况的各项因素，在选取指标时要从不同角度、不同层次出发，既要关注企业过去、现在的经营情况，又要考虑企业未来的发展空间和发展潜力；既要看到企业实际控制人的信用状况，又要考虑企业员工的资历和水平；既要考察企业内部各方面的因素，又不能忽视和企业相关联的上下游合作企业的经营情况和资信情况。

2. 针对性

针对性要求科技企业信用评估体系的构建应在指标的选取和权重的设置上对"科技型"有所侧重。科技企业较一般类型的企业更具有知识密集型的特点，因而在针对科技企业进行信用评估时，要通过创新投入、知识产权、创新团队和创新评价等指标的设计着重考察其创新能力。

3. 科学性

科学性主要体现在评估方法的科学，一般而言要综合使用定量分析和定性分析的方法。定量分析和定性分析相结合体现在不能只关注基于财务报表的数据型指标，还应考察公司制度、行业情况、政策支持及研发能力等可量化的定性指标。定量分析虽然能更客观地体现评价因素的特点，但仅仅依靠财务数据难以做出全面有效的评价，定性分析就能弥补定量分析缺乏针对性的不足。只有二者有效的结合，才能实现科学评价的根本目的。

科技企业信用评估的首要目的在于识别科技企业。对科技企业的识别有两大最主要的作用：第一，便于科技企业融资；第二，便于政府、社会等主体对科技企业分类评级。科技企业信用评估的关键是要建立一套针对科技企业信用评估的体系和标准，采用科学有针对性的方法对科技企业进行评估。

二、科技型中小企业信用评估的意义

对科技型中小企业进行信用评估具有十分重要的作用和意义，它有助于识别科技型中小企业，有助于促进科技金融发展，有助于完善社会信用体系建设，有助于实现经济高质量发展。

（一）有助于识别科技型中小企业

科技型中小企业的成长发展离不开政府的推动和支持。国家层面已经出台较多扶持和引导科技型中小企业成长发展的配套政策，包括鼓励建立科技孵化器和众创空间等形式的科技载体，搭建好为科技型中小企业提供创新创业服务的平台，推动制定针对科技型中小企业的普惠性税收减免政策，设立科技创业引导基金等多项扶持基金,同时地方政府也大力支持科技型初创企业的发展,但还是难以满足科技型中小企业融资、经营和管理的资金需要。其中一个关键因素就是政府对科技企业的识别力度不够。构建一套有针对性的科技企业信用评估体系有助于政府更好地识别科技企业,对科技企业进行客观公正的分类评级,实现对科技企业的精准扶持。

信用评估体系的建立从根本上讲就是以具有科学性、针对性、合理性的指标体系给企业画像、打分,让企业的内部信息公开化,通过评级确定企业资质。信息不对称是长期制约科技型中小企业融资的重要因素,专门针对科技企业轻资产、高风险的异质性特征构建的信用评估体系可以有效地解决政府与企业、企业与市场之间的信息不对称问题,能更好识别科技企业,一方面能引导企业更好地发展,缓解其在发展过程中存在的融资难等问题,另一方面则能促进和完善社会信用体系的建设。

(二) 有助于促进科技金融发展

创新型企业孵化阶段需要大量资金的支持。由于初创期企业仅靠内源融资难以满足资金需求,加之从资本市场获取资金需要满足的条件较多,因此初创期企业的外源融资渠道还是多以银行为主。科技企业由于自身轻资产、高风险的异质性特征,导致银行等金融机构在传统贷款模式下基于风险、收益等的考虑往往惜贷、拒贷,融资能力不足已成为阻碍科技型中小企业成长的重要因素。

科技金融的本质是现代金融更好地参与和支持科技的发展,解决科技发展中的资金需求问题。解决科技企业融资难、融资贵问题是当前科技金融重点关注的问题之一。因此,构建一套科学合理、规范公正的科技企业信用评估体系,不仅有助于银行部分地化解市场风险和金融风险,做出正确的投资决策并对受信方实施动态监控,而且也将在更大程度上改善科技型中小企业的融资环境,帮助其拓宽融资渠道,降低信用交易的成本,并提高评估效率。专门针对科技企业构建的信用评估体系在指标选取、权重设计等方面可以充分考虑科技企业的异质性特征,通过解决信息不对称的问题,结合特定融资模式的设计如"银政担""银政""银政保"来缓解科技企业融资难、融资贵问题,促进科技金融的发展。

(三) 有助于完善社会信用体系建设

市场经济也是信用经济和法治经济,社会信用体系建设是健全完善社会主义市场经济体制和社会治理体制的重要基础。社会信用体系建设就是要通过建立完善的信用记录以及合理的使用信用记录,在全社会范围内形成鼓励守信、惩戒失信的机制。当前我国的社会信用体系建设存在信用信息的收集和使用尚不规范、信用信息记录和数据体系还需完善、诚实守信的社会氛围和环境不够浓厚等问题。

科技企业信用评估指标体系的构建实属整个社会信用体系建设的一部分。它对社会信用体系建设的贡献作用在于：第一，明确科技企业的信用评价指标和标准，建立基本的规则、规范与制度；第二，基于指标导向，建立与指标体系相匹配的信用体系数据库，采集与指标相关的企业具体信息并在运用过程中实时更新；第三，助推社会信用环境的营造和信用度的提升。一方面，通过限制不良信用等级企业资金融通，方便具备良好信用等级企业获取资金贷款，能引导参与经济社会活动的微观主体自觉地采取守信行为以及重视信用记录；另一方面，企业将"信用文化"融入日常的经营管理活动中，能向员工传递信用知识以及信用信息，培养员工的信用意识并养成守信习惯，从而有助于整个社会体系的建设。

（四）有助于实现经济高质量发展

科技强则国强。党的十九大报告指出："我国经济已由高速增长阶段转向高质量发展阶段。"高质量发展是解决当前社会主要矛盾的主要抓手，是当前和今后一个时期确定发展思路、制定经济政策、实施宏观调控的根本要求。高质量发展需要创新驱动，创新的核心是科技创新，科技创新的重要源泉是企业尤其是科技企业，因此科技企业是实现高质量发展的重要微观基础。基于此，科技企业的发展质量在一定程度上决定着高质量发展的实现程度，对科技企业发展中的资本、人才和政策等的扶持直接关系着科技企业的创新效果，决定着创新驱动战略的成败。科技企业要发展，从基本性要素角度讲，一是靠科技人才，二是靠资本。资本介入是科技企业实现高质量发展的关键因素，而资本青睐有潜力的企业。因此，科技企业信用评估体系的构建有助于更好地识别科技企业，吸引更多的资本参与其中。还应看到，科技金融的发展和社会信用体系建设的完善也是助推高质量发展的动力。

第三节　科技型中小企业信用评估的理论发展

国外对科技企业信用评估的理论研究经历了3个阶段，分别侧重于定性评价、定量评价、定性与定量相结合；国内对科技企业信用评估的理论研究起步较晚，在信用评估方法上基本与国外一致，采用因子分析法、层次分析法等技术，当前国内学者们的争论焦点主要是信用评估指标的选取。

一、国外情况

企业的信用评估最早始于19世纪末20世纪初,美国是较早开展企业信用评估的代表性国家之一。美国对企业信用评估的理论研究主要从评级指标和评级方法两个维度出发,历经了3个阶段。第一阶段是20世纪初至20世纪50年代,企业的信用评估主要依赖于专家对选取的定性指标的主观评判。第二阶段是20世纪50年代至20世纪70年代,随着数学和统计模型的引入,企业的信用评估考察重点转向企业的财务(定量)指标。第三阶段是20世纪70年代以后,开始使用层次分析法等方法综合评定企业信用,将主观判断的专家意见和客观收集的模型数据结合起来,并确定出定性和定量指标在评估体系中的权重,定性与定量相结合的评估方法更加灵活、全面、准确地展示出企业的信用情况,帮助其更好地实现融资需求。在第三次科技革命的影响下,新兴的科技型企业在全球崛起,尤其是在20世纪70年代后,美国的科技型中小企业如雨后春笋般出现,并走向集群化。随之而来的科技企业信用融资问题也逐渐引起了人们的关注。

国外理论研究的三阶段:

第一阶段(20世纪初至20世纪50年代):专家评判阶段,重点考察定性指标。

最早的信用评价模型有5C模型、5P模型和LAPP模型等。1910年,美国银行家威廉·波斯特(William Post)在《发展信用中的4C要素》(*The Four Big C's Factor in Extending Credit: Character, Capacity, Capital, Collateral*)一书中首次提出影响企业信用评估的四要素,分别为"品格"(Character)、"能力"(Capacity)、"资本"(Capital)、"担保"(Collateral),随后又加入了"环境"(Condition)因素,形成了5C模型(表2-1)[①]。5C模型成为后来很多第三方评级机构(穆迪、标普等)和商业银行制定信用评估指标体系的主要依据。

表2-1 信用评价体系5C要素

5C要素	具体内容
品格	企业偿还贷款的可能性

---

① POST W. The Four Big C's: Factors in Extending Credit: Character, Capacity, Capital, Collateral [M]. Philadelphia: Central National Bank of Philadelphia, 1910.

续表2-1

5C要素	具体内容
能力	企业偿还贷款的能力
资本	企业财务状况（负债比率、流动比率、速动比率等）
担保	企业能否提供担保的资产
环境	企业所处的社会经济发展趋势、地区条件

5P要素分别指"个人因素"（Personal）、"目的因素"（Purpose）、"偿还因素"（Payment）、"保障因素"（Protection）及"前景因素"（Perspective）。5P要素（表2-2）是以具体项目为核心，是对5C要素的重新分类。

表2-2 信用评价体系中的5P要素

5P要素	具体内容
个人因素	经营者品德
	还款意愿
	抵押与担保
	经营管理能力
目的因素	资金用途
	项目可行性
偿还因素	现金流量
	资产变现（流动比率、速动比率、应收账款周转率）
保障因素	财务结构
	担保人实力和信用
前景因素	产业政策
	竞争能力
	产品周期
	新产品开发
	财务风险

LAPP模型（表2-3）从"流动性"（Liquidity）、"活动性"（Activity）、"盈利性"（Profitability）和"潜力"（Potentialities）4个方面评价借款人的信用情况。

表 2-3　信用评价 LAPP 模型要素

LAPP 模型要素	具体内容
流动性	流动比率
	速动比率
活动性	企业资产情况
	企业销售情况
	市场竞争
	市场占有率
	往来客户
	应收账款周转率
盈利性	业务量与利润的关系
	成本与利润的关系
	利润率
潜力	产品结构
	市场趋势
	经济周期
	业务的拓展
	资金的来源
	管理效率

早期的企业信用评价主要是商业银行或第三方评级机构通过与客户的接触经验和专家分析来判断客户的信用水平，显然其评价过程受主观因素影响较大，评级结果的客观性与公正性值得商榷。

第二阶段（20 世纪 50 年代至 20 世纪 70 年代）：统计模型阶段，重点考察定量指标。

20 世纪 50 年代以后，随着风险评估技术引入数学和统计模型，国外对企业信用评级的研究重点开始转向财务指标，通过企业的财务状况来判断并预测企业信用状况的好坏。威廉·比弗（William Beaver，1966：71-111）认为财务指标可以作为公司重要事件的风向标。他通过检验失败公司前 5 年与正常公司的 14 个财务指标比率的差异程度，得出预测经营情况恶化的首要指标是现金流，其次是资产负债率和总资产报酬率。① 奥尔特曼（Edward I. Altman，1968：589-608）以66个公司为样本，对其中的破产公司和非破产公司的财务报表进行分析，运用数理统计方法，从22个财务指标中筛选出5个关键性的比率：流动资本/总资产、留存收益/总资产、息税前收益/总资产、优先股和普通股市值/总负债、销售额/总资产，建立了Z-Score模型。② Z-Score模型是一个多变量的分析工具，用以衡量公司的财务状况，并对未来两年内破产的可能性进行预测。这5个财务指标的优点在于能够对企业的信用风险及经营风险做出预测，缺陷在于权重会随着环境的变化而变动，影响评估的准确性。随后奥尔特曼又对Z-Score模型进行了拓展，建立了第二代模型——Zeta评分模型。将原先的5个财务指标扩展为7个：资产收益率、收益稳定性、债务偿还能力指标、积累盈利能力指标、流动性比率、规模指标和资本化率。Zeta评分模型的优点是能适应规模不断变化的企业，提高对不良借款人的准确辨认度（Altman, Haldeman, P. Narayanan, 1977：29-54）。③ 奥尔森（Ohlson，1980：109-131）率先将Logit模型和Probit模型用于信用评价，预测贷款违约概率。④

第三阶段（20世纪70年代以后）：定性、定量综合评判阶段，运用层次分析法、模糊综合评判法等技术综合评定定性与定量指标。

20世纪70年代初，美国运筹学家萨蒂（Satty）提出了层次分析法（AHP）。为实现多目标决策，他运用层次分析法将客观的数学处理与人的主观经验和判断结合，不再单独考察定性因素或只关注财务因素，而是把复杂问题中的各种因素条理化、简洁化和综合化。企业在评估指标的选取上变化也比较大，20世纪90年代以后，西方学者在研究科技型企业信用的影响因素时结合其"轻资产"的特点，突破财务因素的范围，引入非财务影响因素，诸如企业管理者素质、区域经营环境以及企业过去信用表现等。延斯·格鲁内特、拉尔斯·诺登和马丁·韦伯（Jens Grunert, Lars Norden, Martin Weber，2005：509-531）研究发现，利用财务和非财务指标两者相结合的方法得出的

---

① BEAVER W H. Financial Ratios as Predictors of Failure [J]. Journal of Accounting Research, 1966: 71-111.
② ALTMAN E I. Financial Ratios, Discriminant Analysis and the Prediction of Corporate Bankruptcy [J]. The Journal of Finance, 1968 (23): 589-609.
③ ALTMAN E I, HALDEMAN R G, NARAYANAN P. Zeta Analysis: A New Model to Identify Bankruptcy Risk of Corporations [J]. Journal of Banking and Finance, 1997 (1): 29-54.
④ OHLSON J A. Financial Ratios and the Probabilistic Prediction of Bankruptcy [J]. Journal of Accounting Research, 1980, 18 (1): 109-131.

评价结果比单独利用财务指标或非财务指标进行评估更能准确预测企业的违约概率。①

在非财务指标的选取上，国外学者也做了很多探索。拉维（Ravi，2007：1—28）研究发现，较稳定的银企关系有助于成长型企业获得贷款，企业与银行保持较好的信任关系可以显著提升融资额、降低借贷成本。②佩德佐利、托里切利（Pederzoli，Torricelli，2010：28—32）研究发现，客户集中度、竞争对手实力等定性因素有助于预测企业贷款违约情况。③阿尔弗雷多·安吉洛（Alfredo D'Angelo，2012：393—423）在研究意大利高科技制造企业创新输出强度时指出，影响企业产品创新的最主要因素是研发人员和研发费用，所以需要科技企业投入大量资金去支持产品研发。④哈耶克（Hajek，2012：421—434）认为，对于科技企业来说，无形资产价值越高，信用评价等级就越高，尤其是对创办时间较短的科技企业效果最明显。⑤

纵观国外企业信用评估的发展历程，从评估方法层面看，最初的企业信用状况由专家根据其主观判断做出，这种方法存在一定主观随意性。1950年之后，为了克服专家经验判断的主观性，研究人员逐渐利用数学方法创新了信用评价技术。利用Z-Score模型、Logistic回归综合模型等方法，依靠量化数据来更为准确地评估企业贷款的信用风险。20世纪70年代以后，随着科技型企业的兴起，对于这类"轻资产、重创新"的企业，显然要将与体现企业创新和发展能力的更多非财务指标考虑进去，于是层次分析法、模糊分析法等系统的、综合的评估方法应运而生。这些方法现已广泛应用于第三方评估企业、政府、银行等各类机构的信用评估体系中。从评估指标层面看，无论是金融机构还是第三方信用评估机构，在选取指标时，都是建立在"5C"要素的基础上，根据不同行业进行调整。对于科技型企业，在评估时更要结合其"轻资产、重创新"的特点逐渐完善研发人员及费用、知识产权、新产品开发等体现研发创

---

① GRUNERT J，NORDEN L，WEBER M. The Role of Non-financial Factors in Interal Credit Ratings [J]. Journal of Banking and Finance，2005，2：509—531.
② KUMAR P R，RAVI V. Bankruptcy Prediction in Banks and Firms via Statistical and Intelligent Techniques—A Review [J]. European Journal of Operational Research，2007，180（1）：1—28.
③ PEDERZOLI C，TORRICELLi C. A Parsimonious Default Prediction Model for Italian SMEs [J]. Banks Bank Syst.，2010，5（4）：28—32.
④ D'ANGELO，A. Innovation and Export Performance：A Study of Italian High-tech SMEs [J]. Journal of Management & Governance，2012，16（3）：393—423.
⑤ HAJEK P. Credit Rating Analysis Using Adaptive Fuzzy Rule-based Systems：An Industry-specific Approach [J]. Central European Journal of Operations Research，2012，20（3）：421—434.

新能力的指标。

由上可知，国外关于企业信用评估方法和信用评估指标的理论研究已较为成熟，给我们提供了丰富的经验。但也存在一些不足，比如国外很少有学者完整地提出一套具有代表性的关于科技企业信用评估指标的理论，大部分都是在已有方法或指标上做补充，这就使得不同主体在建立科技型中小企业信用评估体系时缺乏权威的理论支撑。此外，国外也很少有以政府为背景推出的科技型中小企业的信用评估体系，大多数是交给第三方评估机构或商业银行来完成。而第三方评估机构和银行出于自身利益，很多信息不主动公开，贷款市场信息不对称，科技型中小企业融资难、融资贵的问题仍然存在。

二、国内情况

国内关于企业信用评估的研究起步于20世纪末，随着我国科技的进步与快速发展，学术界开始加大对科技型中小企业信用评估的研究。

范飞龙（2002：109-131）认为，科技型企业在初创期面临较大的财务压力，向信贷市场寻求帮助却不得不面临较高的信贷成本和较少的信贷额。在中国还未成熟的风投环境下，信贷市场的信息不对称和逆向选择更加剧了初创企业的信贷压力。因此，有效的信用评估对于解决科技型初创企业的融资问题意义重大。[①] 杨子强（2006：17-19）认为，企业能否成功获得贷款最主要的因素是其信息披露的真实性，完善社会信用评估体系是转变中小企业融资困境的关键。[②] 而社会信用评估体系的建设既要结合我国实际情况又要与国际接轨，建立有中国特色的中小企业信用评估指标体系（许进、陶克涛，2006：55-58）。[③] 李连三（2007：30-34）指出，大多数中小企业处于融资困境是因为其本身的财务状况不透明，故银行无法判断其风险，进而导致企业贷款难。因此，构建信用评估指标体系有助于加快银行和企业信息共享共通，减少信息不对称，增强企业透明度。[④]

我国信用评估市场区域性较强，且各地的信用评估机构尚未形成一套统一

[①] 范飞龙. 非对称信息下中小企业融资信用信号传递模型研究[J]. 重庆大学学报（社会科学版），2002，8（6）：59-60.
[②] 杨子强. 坚持六个结合 处理好六个关系 加快推进征信体系建设[J]. 济南金融，2006（12）：17-19.
[③] 许进，陶克涛. 科技型中小企业信用评估的指标体系设计[J]. 科学管理研究，2006，24（3）：55-58.
[④] 李连三. 征信在中小企业融资中的作用——理论和实证研究的视角[J]. 河南金融管理干部学院学报，2007（3）：30-34.

规范的评级办法,所以不同地区对于企业的信用评价主要是以各大商业银行自行制定的体系为主。进入 21 世纪,随着科技企业的规模逐渐壮大,国内学者们认为有必要构建科技企业信用评估体系,来帮助更多的中小企业实现融资需求。在探索科技企业信用评估体系的过程中,他们提出了不同的意见。信用评估方法基本沿用国外成熟的技术,即定性与定量指标相结合的因子分析法、层次分析法等,学者们的争论焦点主要在信用评估指标的选取上。

程道宏、汪磐(2003:36-37)较早提出应该建立一套适用于科技型中小企业的信用评估体系,他们根据科技型中小企业信用评估注重"未来、创新、成长、发展"的原则,在传统企业的信用等级评估指标体系的基础上进行了改进,构建了包括开发创新能力、科技开发人员比例、无形资产占比等 26 项指标的科技型中小企业信用评价指标体系。因为科技型中小企业的发展与科技密切相关,其高科技含量远远高于传统企业,所以作者将"研发投入比率"和"科技开发人员比例"添加为信用评估体系的二级指标,充分反映科技型中小企业信用评估注重"创新"的特点。[①]

赵昌文、陈春发、唐英凯(2009)结合高新技术企业自身的特点,提出综合评估中国高新技术企业的信用状况应从企业基本素质、创新能力、企业成长性、偿债能力、现金流动性、盈利能力和营运能力等方面考虑。[②]。

刘广斌、郭富贵(2009:51-54)考虑了中小企业与科技型企业的双重特征,从企业素质、财务能力、技术风险、创新能力、信用履约能力和发展潜力 5 个方面入手,构建了针对科技型中小企业信用评价的相关指标体系(表 2-4)。[③]

表 2-4 中小型科技企业信用评价指标体系

一级指标(权重)	二级指标(权重)	三级指标(权重)
企业素质(37%)	主要领导者素质(30%)	主要领导者个人能力及经营(15%)
		主要领导者的信用情况(15%)
	其他职工素质(4.8%)	其他高级管理者素质(2.4%)
		职工专业能力、职业精神(2.4%)
	企业制度(2.2%)	企业制度(2.2%)

[①] 程道宏,汪磐. 科技型中小企业信用评估模式初探[J]. 安徽科技,2003(9):36-37.
[②] 赵昌文,陈春发,唐英凯. 科技金融[M]. 北京:科学出版社,2009.
[③] 刘广斌,郭富贵. 中小型科技企业信用评价指标的构建与筛选[J]. 工业技术经济,2009(8):51-54.

续表2-4

一级指标（权重）	二级指标（权重）	三级指标（权重）
财务能力（37%）	偿债能力（3%）	现金流动负债比（1.5%）
		负债权益比（1.5%）
	盈利能力（8.5%）	经营毛利率（1.4%）
		净资产收益率（7.1%）
	经营能力（25.5%）	存货周转率（14.8%）
		应收账款周转率（7.9%）
		主营业务成本比例（2.8%）
技术风险（3%）	技术先进性（2.4%）	技术先进性（0.6%）
		设备先进性（1.8%）
	技术生命周期（0.6%）	技术周期阶段（0.45%）
		技术所处阶段（0.15%）
创新能力（8%）	研发费用（2.72%）	研发费用占销售收入比率（2.72%）
	研发人员（0.64%）	研发人员占全体员工比率（0.56%）
		研发人员人均专利（0.08%）
	新产品销售（4.64%）	新产品销售占总销售收入比率（4.64%）
信用履约能力（11%）	合同履约率（7.59%）	合同履约情况（7.59%）
	贷款偿还率（2.53%）	贷款偿还率（2.53%）
	还款意愿率（0.88%）	还款意愿率（0.88%）
发展潜力（4%）	成长能力（3.2%）	净利润增长率（2.11%）
		总资产增长率（0.93%）
		主营收入现金含量（0.16%）
	行业前景（0.8%）	行业地位（0.28%）
		发展空间（0.52%）

曹小秋、黄翔、邓伟（2013：72—76）参考杭州市"雏鹰计划""青蓝计划"中30家科技型初创企业的申报数据及信用评价标准，建立了一套由3个一级指标和15个二级指标组成的指标体系（表2—5），并采用熵值法和因子分析法综合确定指标的权重。[①]

[①] 曹小秋，黄翔，邓伟. 科技型初创企业信用评价和实证分析[J]. 南昌大学学报（人文社会科学版），2013，44（6）：72—76.

表 2-5　科技型初创企业信用评价指标

一级指标	二级指标
企业基本情况（30.7%）	资产总量（4.9%）
	销售收入（3.6%）
	净资产（10.3%）
	注册资金（10.6%）
	职工人数（0.5%）
	企业历史（0.8%）
企业发展前景（27.9%）	行业前景（1.3%）
	项目质量（1.6%）
	专利数量（25.0%）
企业财务状况（41.4%）	资产负债率（7.6%）
	销售净利率（4.0%）
	总资产周转率（5.9%）
	权益净利率（4.0%）
	净利润（7.3%）
	年度上缴税金（12.6%）

楼霁月（2013：186-188）借鉴了商业银行对科技型中小企业的信用评价体系，包括企业基本素质、财务能力、创新能力、发展能力和信用记录5个一级指标和16个二级指标（表2-6），然后运用因子分析法确定了各项指标的权重。[①]

表 2-6　科技型中小企业信用评价指标

一级指标	二级指标
企业基本素质（23.28%）	经营者素质（7.89%）
	企业规模（8.46%）
	企业经营情况（6.93%）

---

① 楼霁月．科技型中小企业信用评价影响因素分析［J］．统计与决策，2013（16）：186-188．

续表2-6

一级指标	二级指标
财务能力（36.59%）	资产负债率（7.17%）
	速动比率（6.61%）
	总资产报酬率（8.66%）
	应收账款周转率（9.83%）
	存货周转率（4.32%）
创新能力（18.33%）	专利技术拥有数（2.24%）
	研发费用占销售收入比重（5.79%）
	专职研发人员比例（6.38%）
	新产品开发率（3.92%）
发展能力（5.88%）	销售收入增长率（2.93%）
	利润增长率（2.95%）
信用记录（15.92%）	赖账行为（8.86%）
	逃税行为（7.06%）

赵玲、贺小海、陈晓慧等（2014：73-79）认为，现阶段银行传统信用评估体系不适用于科技型小微企业，必须构建科学的科技型小微企业成长性评估系统。作者通过与银行、投资公司、科技小微企业高管访谈和问卷调查形式，最终确定了对科技型小微企业信用融资有影响的指标构建了科技型小微企业成长性评估系统，该系统最重要的特点是包含了评价体系和评审体系两部分。[①] 第一部分是评价系统，包括战略管理能力、研发创新能力、价值创造能力和社会支持能力4个一级指标，30个二级指标。采用层次分析法确定了4个准则层与30个具体指标层的权重。第二部分是评审体系，主要体现在对科技型小微企业的主观评价上。构建方法与评审体系相同，分为4个层次：企业家、管理团队、技术水平和企业管理。采用专家会议法分别对不同层次给予评价——符合、基本符合和不符合，并分别赋予权重。最终将评价体系结果和评审体系结果相结合，计算出最终得分来判断企业的信用情况（表2-7）。

---

① 赵玲，贺小海，陈晓慧，等. 我国科技型小微企业成长性评价[J]. 科技和产业，2014（1）：73-79.

表 2-7 科技型小微企业成长性评估体系

一级指标	二级指标
战略管理能力（55.55%）	企业家学历（5.49%）
	企业家海外经历（1.64%）
	企业家工作经历（3.18%）
	企业家社会联系（5.12%）
	企业家信用记录（4.18%）
	管理团队学历比重（11.15%）
	管理团队海外经历比重（7.19%）
	管理团队股权激励（14.63%）
	企业内控制度（2.97%）
研发创新能力（27.16%）	研发人员比重（2.54%）
	研发人员股权激励（1.05%）
	研发经费比重（6.89%）
	三年研发经费增长率（7.18%）
	员工学历比重（1.32%）
	核心技术先进水平（7.03%）
	核心产品专利状况（1.15%）
价值创造能力（12.47%）	净资产收益率（0.97%）
	核心产品净利率（1.39%）
	核心产品市场地位（2.23%）
	三年核心产品收入增长率（1.55%）
	三年经营性现金流量增长率（2.16%）
	三年资产总额增长率（0.83%）
	三年净利润增长率（1.71%）
	核心员工劳动生产率（0.93%）
	自主品牌（0.70%）

续表2-7

一级指标	二级指标
社会支持能力（4.82%）	企业所属地区（0.65%）
	税收优惠政策（0.33%）
	企业所处发展园区（0.39%）
	行业景气指数（1.73%）
	行业发展前景（1.72%）

郁俊莉（2014）提出，科技型中小企业融资信用评价指标体系应包含行业成长性指标、品牌价值等指标。[①] 郭矜（2016：15-18）认为，在评估体系中加入专家评审是必不可少的，对于某些重要的指标，专家具有"一票否决权"，即只要专家对于该项目的决议"不通过"，该企业就不能获得贷款，前期计分无效；如果专家的决议是"通过"，那么再综合前期得分进行评估。[②]

综上所述，国内学者关于科技型中小企业信用评估的研究尽管起步晚，但正在不断地完善，关于现阶段科技型中小企业信用评估指标研究的特点有：①开始注意定性指标与定量指标的结合。②突出创新性指标。针对科技型中小企业"轻资产，重创新"的特点，评估的重点逐渐由传统的财务指标转向创新指标，比如专利成果数量、研发人才级别等。③企业创始人信息得到全面关注。鉴于科技型中小企业员工数量少，企业创始人和股东需要承担更大的风险，所以创始人的基本信息开始得到全面关注。

当前研究的不足主要体现在：①财务指标权重仍较高。一些科技型中小企业属于初创型，因此其财务指标较难获取或不具有较好的参照意义，因此如果财务指标权重占比较高将很难得出客观的评价结果。②定性指标获取难度较大。例如，还款意愿率、行业地位、发展空间等定性指标较难获取且不能得出客观结论。③指标针对性不强。一些评价体系没有充分考虑科技型、中小型企业的特征，指标针对性不强，一些在实践中被广泛肯定的指标却没有得到理论界的重视，如人才层次指标、家庭构成、从业经历、团队构成、获得外部投资、纳税、社保及违法（章）记录等。④指标缺乏动态调整。一些评价体系缺乏对科技企业发展不同生命周期的动态考察。根据企业在不同生命周期（种子期、成长期、成熟期）的特点，其指标权重也会发生变化。比如，初创期的企

---

① 郁俊莉. 科技型中小企业融资信用体系研究[M]. 北京：北京大学出版社，2014.
② 郭矜. 科技型中小企业信用评估指标体系的构建[J]. 财会月刊（综合版），2016（5）：15-18.

业资金匮乏，财务指标的占比较低，但随着企业进入成长期、成熟期，财务指标的权重会逐步加大。而现有理论基本是以一套指标体系来笼统地评价企业信用，缺乏动态调整。

第三章　科技型中小企业信用评估实践情况

科技型中小企业信用评估具有极强的实践运用性。因此，本章将对国内外科技型中小企业信用评估的实践情况进行考察，具体将选取美国、德国、法国、日本和印度等代表性国家，以及北京、上海、深圳、杭州、武汉和重庆等国内代表性城市进行考察，发现被考察对象在科技型中小企业信用评估实践中的优劣，为本书所要构建的评估体系提供可资借鉴的经验。

第一节　国外实践情况

国外发达国家科技型中小企业信用体系建设基本上是围绕提升企业信用、解决融资担保难这一核心问题展开的。不同国家对企业的信用评估有不同的评价主体和模式。例如，美国有信用评估机构、商业银行提供企业信用评估服务；欧洲形成了以德国为代表的公私并存的征信模式，以法国为代表的央行主导的信用评级模式；日本的企业信用评估主要依赖于银行；印度斯梅拉（SMERA）公司有较为系统和完整的信用评估考核指标体系。

一、美国模式

当前，世界上流行的企业信用评估方式主要是第三方信用机构评估和银行评估这两种方式。美国作为世界上信用制度最发达的国家之一，在第三方信用评估和商业银行评估方面为各国中小企业的信用评估提供了借鉴之处。美国信用评估模式的主要特征是信用中介服务机构（信用评级公司）具备发达的市场化运作能力。此外，美国还成立了专门为科技型中小企业提供融资服务的商业银行——硅谷银行，这为后来其他国家专门成立科技企业贷款类金融机构提供了借鉴意义。

（一）信用评级机构

美国是一个征信国家。在美国，信用产品的供给主要是由信用中介服务机构来完成。经过百余年的市场竞争，美国目前已形成了两大类市场化运作的信用服务企业。一是资本市场上的信用评估机构。例如，穆迪、标准普尔（以下简称"标普"）和惠誉国际是世界三大信用评级公司，它们对国家、银行、证券公司、基金、债券及上市公司进行信用评级。二是商业市场上的信用评估机构。例如，邓白氏公司，它在商业企业交易或向银行贷款时提供信用调查和评估。①

以下将重点对穆迪、标普和邓白氏的企业信用评价指标体系进行比较。

首先，相同点是它们都采用定性与定量分析相结合的方法，企业信用评价指标体系总体分为两级指标，一级指标分为经营因素和财务因素。对财务风险的判断主要基于企业本身的财务数据，将之前的财务数据和当前的财务数据进行对比，预测其未来的财务状况。

其次，3家公司在二级指标上各有特点（如表3-1所示）。标普的特点是进行同行业对比，用分数来比较企业状况，最终得分将影响评级结果。穆迪对行业进行细分，将行业因素和宏观经济层面的影响细分到评级因素中，不再单独对行业因素进行对比评价。标普和穆迪在对企业偿债能力进行风险评估时，重点关注企业经营因素指标的发展。其中，穆迪更加重视行业特征，而标普更关注企业短期债务指标。邓白氏在评级中单独考虑企业规模指标。而穆迪和标普将企业经营战略、企业发展阶段、财务政策等因素进行综合考虑，相比之下更符合企业发展规律。②

表3-1 穆迪/标普和邓白氏的企业信用评估指标体系对比

公司	一级指标	二级指标	特　点
穆迪/标普	经营因素	国家政策支持	①穆迪评价的基本要素与标普基本一致 ②定量指标占比更大，注重对未来现金流的考虑 ③标普认为大规模企业会带来多样化经营，能分散风险，所以大企业会把绝对收益规模作为一个重要指标
		行业前景	
		竞争地位	
		产品与市场状况、技术、成本效率	
		战略与经营管理能力	
		股东结构	
		绝对收益规模	
	财务因素	获利能力（资本收益率）	
		现金流状况（现金流量比率）	
		资本结构（资产负债比率）	
		财务政策（杠杆比率）	

---

① 周晓俊. 美国资本市场信用评级体系［EB/OL］. 中华人民共和国驻纽约总领事馆经济商务处. (2004－06－20)［2019－12－23］. http://newyork.mofcom.gov.cn/aarticle/ztdy/200406/20040600239299.html.
② 姚静. 中小企业信用评级指标体系研究［D］. 北京：中国社会科学院研究生院，2016.

续表3-1

公司	一级指标	二级指标	特　点
邓白氏	经营因素	行业市场规模	①邓白氏注重还款意愿、还款记录、关系企业与往来银行关系 ②更加注重定性分析，考虑到不同地理位置经营风险也有所差异，这说明宏观区域的发展差异也直接影响企业风险 ③不将企业规模置于评价因素内，对中小企业比较公平
		地理信息	
		商业信息	
		还款记录	
		往来银行关系	
		关系企业	
	财务因素	偿债能力（流动比率、速动比率）	
		营运效率（应收账款周转率）	
		获利能力（资产报酬率）	

在信用评估的方法和技术上，信用评级机构除了运用统计方法将定性与定量指标相结合，还结合大数据技术，扩大了企业征信维度，提高了处理效率。在互联网时代，面对大数据技术的发展，美国三大征信机构已经开始进行大数据征信方面的研发。

（二）商业银行

美国的银行针对信息透明度较低的中小企业贷款开发了小企业信用评分系统（Small Business Credit Scoring，简称SBCS），在该系统中商业银行更加关注非财务指标，如业主信用、企业家素质、雇员人数、企业的组织形式、主营业务范围、所在行业和企业的商业信用等。[①] 硅谷银行就是此类银行的典型代表。

硅谷银行是世界上第一个商业化运作的创业银行。在过去的35年间，硅谷银行一直是以专注高科技中小企业、全面联合风投机构的投贷联动为核心的经营模式。在一般的商业交易中，贷款需要抵押，而硅谷银行愿意为这些轻资产科技中小企业提供债权融资，同时这些科技中小企业还可以通过银行找到天使投资者或者风险资本家。硅谷银行90%的业务都是针对科技型中小企业的投资，美国所有风投机构支持的科技公司中有一半左右也是硅谷银行的客户。

硅谷银行针对科技型中小企业制定了一套严谨复杂的风险评估体系。在该评估体系中，没有将财务指标放在首位，而更加看重企业的行业影响力、团队

---

① 侯昊鹏. 国内外企业信用评级指标体系研究的新关注 [J]. 经济学家，2012（5）：88－97.

实力与背景、产品体验以及投资人的背书等。

对于高科技企业特有的无形资产价值的评估，硅谷银行有其独特的一套技术估值办法。其特点如下：

一是专业化的市场定位。硅谷银行将扶持对象集中在计算机软件、硬件、清洁技术和生命科学等领域的科技型企业，看重这些领域的市场前景，因此硅谷银行对于这些领域内的专利技术及其发展前景把握能力强。

二是专业的评估技术与团队。硅谷银行本身有专门的技术评估师，并组建了一支专业的队伍，分阶段、分行业地对企业进行专业细分，制定相应的风险防范和控制措施。此外，硅谷集团下面也有单独的评估公司，可以实现技术评估，把握企业产品的技术价值。[①]

二、欧洲模式

欧洲的信用评级始于20世纪80年代，多年来已形成以中央银行建立的中央信贷登记为主体的信用评估体系。欧洲各国中央银行建立的中央信贷登记系统是由政府出资建立的全国性信用数据库网络系统，数据库中的企业数据供银行内部使用，用以防范贷款风险，并影响央行的货币决策。此外，欧洲各国政府针对中小企业的信用评价有各自的特点。

（一）德国：公私并存的征信模式[②]

德国建立了公共征信系统，同时辅以私营征信机构，共同形成了涵盖全社会的信用体系，有效服务于中小企业。德国的公共征信系统具体包括两类系统。一是德意志联邦银行信贷登记系统。其功能是采集个人和企业的信贷信息，供银行内部使用，以加强央行对金融市场的监管及商业银行防范信贷风险。二是行政、司法部门的信息系统。该系统要求工商登记、法院破产记录及债务人名单等信息必须对外公布，并提供查询。私营征信机构是根据自身业务需要建立的企业或个人数据库，其采集的信息具有总量大、覆盖人群广、来源渠道多等特点，服务范围涵盖了资信调查、信用评级、商账追收和资产保理等。

（二）法国：央行主导的信用评级模式

法国的信用评级是典型的欧洲模式，即以政府和中央银行为主导的模式。

[①] 新浪网. 硅谷银行：刀尖上的高手[EB/OL]. (2016-09-21)[2019-12-23]. http://finance.sina.com.cn/manage/mroll/2016-09-21/doc-ifxvyqvy6969643.shtml.
[②] 和讯网. 欧盟国家中小企业信用服务模式概述[EB/OL]. (2016-11-07)[2019-12-23]. http://bond.hexun.com/2016-11-07/186767254.html.

法兰西银行（法国央行）有着长期为中小企业提供融资服务的经验，建立了自己的一套企业信用评级指标体系。该评级指标体系由6个方面的企业信息构成（表3-2）。

表3-2 法国央行主导的信用评级模式

指　　标	内　　容
财务能力	资产负债平衡、盈利能力、偿还能力、财务自主能力
经营者的职业经历	企业经营者之前的工作履历
金融环境和行业背景	企业所属行业的发展现状与前景
某些重大事件	企业是否遭受过重大损失
法律情况	企业是否有违法或诉讼案件
关联企业	企业是否和其他企业存在某种关联

法兰西银行对企业信用评级指标的设置特点：

（1）根据每种经营活动可能发生的信用风险，将全国所有行业划分为19个大类，并为每个行业制定了一个适合于此行业特点的财务指标作为参考标准。

（2）法兰西银行的评级结果遵循严格的保密法规，该法规规定评级结果只能在信贷机构商业活动的日常程序中运用，不能在信贷机构以外公开，也不能提供给其他信息机构。

（3）根据独立和公共的信息来源，国家经济组织可以通过数据库更有效地选择企业，用以改善财政援助的分配。银行利用数据库测评客户，能够在放款增长和信用风险限制之间进行协调。①

从德国、法国中小企业信用评价的实践可以看出，依托政府和央行构建的中央评级和征信模式为中小企业提供了全面、完善的信用服务，信用中介服务机构在信息咨询和技术培训方面为中小企业提供帮助，以助推中小企业金融支持体系的发展，促进中小企业的健康发展。但鉴于欧洲各国科技中小企业并没有像中美两国一样大量涌现，而是彼此之间比较孤立，联系有限。欧洲虽然是一个独立的市场，但不是一个独立的科技行业市场。再加上人口、市场、资金和政府的政策、欧洲的文化特征等多种因素导致欧洲科技企业发展受限。因此，目前欧洲还没有一个国家形成一套标准的科技型中小企业信用评估体系。

---

① 刘敏. 欧盟国家中小企业信用服务的借鉴与启示[J]. 征信，2013（5）：59-61.

三、日本模式

日本模式是银行业协会建立的会员制征信机构与商业性征信机构共同组成的企业信用评估体系，其特点是银行会员制征信机构向会员银行提供服务，商业性征信机构则是为社会提供有偿信用服务。在日本的企业信用评估体系中，银行会员制征信机构主导力较强，且对企业信用评级有两个显著特点。

第一，采取定量与定性相结合三次评价法。首次评价是定量分析，参考企业财务报表中关于安全性、收益性、成长性和债务返还能力的4个指标做出初步判断。第二次评价聚焦定性指标，关注企业的经营策略、经营管理者的能力、产品开发能力、销售能力和技术能力，由专家进行评估。最后一次评价是对影响企业偿还能力的事项进行深度评价。寻找在前两次评价中遗漏的事项，尤其是可能对企业的偿还能力造成巨大影响的事项（资产所包含的收益等）进行深度评价。

第二，对目标对象的信用实行动态监控。在信用评级结果公布后，定期调查企业，观察其关键指标的变动情况，进而考察其信用变化。特别是出现对评级对象产生巨大影响的事件时，需要依据情况重新为企业做出信用评级。例如，兼并收购、因市场环境导致业绩下降、因经营管理者违法而使企业形象受损以及因灾害而使企业重要经营设施受损等事件。[①]

值得一提的是，虽然日本在企业信用评估方面已经非常成熟，但是针对科技型中小企业的信用评估体系并没有突出特色，主要是因为日本的科技型中小企业发展不理想。日本作为科技强国，大型企业的技术创新能力非常强，基础研究能力也比较强，但是应用和商业化比较弱。其中最主要的原因是日本没有大的需求市场，如今很多科技企业需要庞大的流量和国内市场来支撑，所以由于先天的国内市场狭小且流量不足等原因，日本的科技创新往往集中在大公司，个人的科技初创公司确实并不多见。[②]

四、印度模式

在新兴经济体国家中，印度的科技企业较为发达，尤其是近年来培养出了世界级独角兽企业，如"Flipkart""Paytm"等。这离不开政府推行的印度生

[①] 侯昊鹏. 国内外企业信用评级指标体系研究的新关注［J］. 经济学家，2012（5）：88-97.
[②] Techweb. 为何日本现在科技独角兽公司寥寥无几？［EB/OL］.（2017-12-12）［2019-12-23］. http://www.techweb.com.cn/viewpoint/2017-12-12/2617569.shtml.

产、印度制造、印度技术三大战略。除政府外，大量的外国天使基金和风险投资进入印度市场，为科技型中小企业提供了更便利的融资渠道。印度针对包括科技型企业在内的所有中小企业在融资前都会进行信用评估。斯梅拉作为印度第一家专门从事小微企业信用评估的公司，设计了一套包括6个方面的信用评估考核指标体系（表3-3）。

表3-3 斯梅拉小微企业信用评估考核指标

评价重点	说 明	
行业类别	行业的差异是导致不同行业的企业盈利有差异的重要因素	
经营风险	企业外部风险	国内外市场风险 竞争对手风险 政治环境风险 法律环境风险 经济环境风险 人事风险
	企业内部风险	组织与管理风险 产品风险 生产风险 营销风险 财务风险
企业主素质	企业主受教育程度 职场经验 经营策略 胆识魄力 企业主品质 个人信用记录	
财务指标	资产负债情况 盈利能力 偿债能力 发展能力 信用状况 商誉	
项目评估	项目概况 项目规模和特点 项目技术可行性 项目经济效益分析 项目自身的偿债能力 项目前景预测	

续表3-3

评价重点	说　明
其他因素	环保要求 资产保险 守法状况 汇率变动

印度的小微企业信用评估方法的特点：

（1）注重小微企业所在的行业。信用评估不会仅以一种标准评判所有小微企业。因为不同行业的考核基准值不同，所以在进行信用评估时会考虑该企业所处行业的平均水平。

（2）对于不同规模的企业考察的标准不同。与行业区分度相似，不同规模的企业各自获得的收益不尽相同，因此，在设定考核基准值的时候，企业的规模也是重要的分类标准。

（3）重视企业主的个人信用情况。小微企业主的个人信用记录对评估结果影响很大。定性指标主要体现在小微企业主的个人信用和个人信誉上，且所占比重较大。

第二节　国内实践情况

我国中小企业信用评估体系的实践尚处于起步阶段，还没有形成一套完整的理论与方法以及符合国情的运行机制，但在一些发达城市已经开始尝试。北京、上海、深圳、杭州、武汉、重庆是国内开展科技企业信用评估的先行区和成熟区。北京中关村信用体系建设已进入"1+3+N"的2.0时代；上海张江高科技园区企业信用评级体系以"一个中心、两个平台、三大系统"为核心；深圳形成了市级企业"信用画像"机制以及区级"科技金融服务平台"两种形式；杭州的企业信用评估以"雏鹰计划"为依托；武汉建立起"一组一会一库"的组织保障体系，搭建起"一网一平台一体系"的工作运行机制；重庆近年推广了"X+1"综合授信体系试点，并进行了科技企业知识价值信用贷款改革。

一、北京实践

北京中关村是国内最早一批科技企业的聚集地，也是最早提出信用体系建设的区域。中国第一份企业信用报告诞生在中关村，中国第一家企业信用自律组织也是在中关村率先成立的。2014年,中关村示范区被中国人民银行确定为全国首批小微企业信用体系建设试验区。

在中关村示范区信用体系建设中,以信用自律机构和信用服务机构为代表的信用组织发挥了关键作用。成立于2003年的中关村企业信用促进会是全国第一家企业信用自律组织,主要负责组织业务培训、搭建信用信息平台、推广信用报告应用和开展信用双百企业评选等工作。中关村企业信用促进会搭建起了银行、企业和政府合作的桥梁,促进企业和银行的供需对接,较好地帮助企业实现融资需求。目前,中关村园区对于企业信用评级的初步筛选,选取的定性指标主要有行业竞争程度、企业素质;定量指标主要有有形净值负债率、速动比率、经营现金流入流出比和息税折旧摊销前盈余(EBITDA)。[①] 初步筛选后由中关村企业信用促进会的13个信用服务机构来做具体的信用评估。信用评级结果参照国际惯例,分为三级九等。信用服务机构是中关村示范区信用体系建设的市场力量。目前,中关村聚集了中诚信、大公国际、联合信用等十多家评级机构,为企业提供信用评级、信用管理等信用服务。同时,征信机构作为新兴的市场力量也为信用评估提供了新的技术支持。[②]

在中关村信用体系建设前期(1.0时代),解决企业融资难、融资贵是主要任务,信用服务机构是专业的支撑力量,相关政策与配套服务是保障,逐步形成了以多方协调机制为保障的"中关村信用模式",即"一个信用品牌、两个示范工程、三个融资服务"("1+2+3"信用体系)。

当前,中关村信用体系建设已进入2.0时代,已经将构建园区信用文化氛围和提升大众信用意识作为下一阶段的主要任务,鼓励园区企业全面参与信用体系建设,推出具有全国代表性的信用产品,打造中关村信用新模式,形成"三乘三"的平台发展战略。"三乘三"就是以企业信用为基础,围绕信用体系构建三大主平台,即中关村信用研究交流平台、中关村信用应用推广平台和中关村信用文化传播平台,然后每个主平台又可由三到若干个分平台构成。例如,其中的中关村信用应用推广平台可以包含中关村企业信用信息服务平台、中关村企业融资服务平台和中关村企业信用交易服务平台3个部分。

二、上海实践

上海张江高科技园区基于产业园区建立了针对科技企业信用评级管理体

---

① 中关村企业信用促进会. http://www.zcpa.org.cn/ecpa/.
② 袁新峰,赵强,王秋香. 小微企业信用体系试验区建设的思考——以北京中关村示范区为例[J]. 征信,2015(6):43-46.

系。从行业分类来看，张江高科技园区内的企业大多属于信息技术、生物医药、文化创意和低碳环保等行业，且绝大多数是科技型中小企业。产业园区本身有利于信用体系的构建，首先，园区本身具有平台化的政策、信息、资源优势，将这些优势整合起来有助于快速营造信用环境，促进资源对接。其次，入驻产业园区的企业质量相对较高，企业整体信用资质较好，更容易获得区域金融市场的青睐，进而优先享受园区优惠政策和金融机构的支持。一般来说，金融机构不轻易向小企业提供贷款是因为其信用风险较大，很难做到有效评估。而上海张江高科技园区内的科技型中小企业可借助园区信用评级体系，获得有效的信用背书，获得信用市场的认可。这一模式有望真正解决金融机构长期存在的业务发展与资金兑付的矛盾。

张江高科技园区企业信用评级体系的核心是"一个中心、两个平台、三大系统"。"一个中心"即一个数据中心——"信用张江公共服务平台"中心数据库。它整合了分散的信息资源，并通过统一的访问入口，实现结构化数据资源、非结构化文档及工商、税务等公共数据的无缝接入和集成共享。"两个平台"：一是以"张江在线"为主体的张江高科技园区公共信息门户平台，实现园区的职能服务、政策服务与综合信息发布；二是以"信用张江公共服务平台"为主体，构建完善的信用评级服务体系。平台集企业信用数据采集、企业信用管理综合发布、企业信息在线查询、银企业务对接、政策申请对接和失信企业管理等功能为一体，面向园区各类企业注册应用，实现对企业信用管理全过程、持续性、动态化的管理和监控。"三大系统"：一是信息发布系统，它的作用在于将与园区信用管理、信用评级、融资渠道、金融政策的相关信息及时发布；二是银企对接系统，它的作用是将园区内的中小企业和园区内外的金融机构、投资机构对接，实现信息互通；三是信用评级系统，它的作用是执行和管理前两个系统的日常工作。信息评级系统包括信用评级执行机构（张江企业信用促进中心）和信用评级管理系统。[①]

信用评级管理系统的核心是企业信用评级模型。一方面，信用评级模型根据企业经营者、主营业务及企业财务等基本情况，设置诚信记录、企业素质、创新能力、财务状况、企业商誉5大指标体系。另一方面，信用评级模型又以企业资本及债务结构、现金流、经营团队、研发团队、研发投入、研发成果、盈利能力、核心技术等关键指标为导向细分出110项子指标，该模型既包括定

---

① 何志峰. 基于产业园区的信用评级管理体系构建研究——以张江高科技园区"信用张江模式"为例［J］. 上海经济，2017（4）：32—38.

量指标也包括定性指标。张江高科技园区信用评级的特点可总结为"平台运作、机构执行、模型驱动、银企互动"。

三、深圳实践

深圳是中国一线城市中最年轻、最具活力、最具创新力的城市，着眼于开放式创新，努力在基础科技领域做出大的创新，在关键核心技术领域取得大的突破，实现占据世界科技和产业发展的制高点。深圳，被誉为中国的"硅谷"。截至2019年，深圳由国家认定的高科技企业数量为14 400家，仅次于北京，排名全国第二，广东省第一，代表企业有华为、腾讯、大疆等。在2018年中国创新城市排位中，深圳居全国第二，仅次于北京。深圳已形成了强大的梯次创新企业群，成为我国企业参与国际竞争的"领跑者"，正在向国际化"创新之都"迈进。

深圳作为国内较早开展社会信用体系的城市，十多年来在体制机制建设、信息平台构建、信用产品创新等方面不断进行尝试，在制度建设、体系构建等方面取得了显著成效。在当前全国加速推进社会信用体系建设的时期，深圳在企业征信方面的创新举措为全国各地做了示范。具体特点体现在两个层面：在市级层面由政府主导为企业信用画像，在区级层面由第三方机构针对科技型企业的信用融资成立科技金融服务平台。

（一）市级层面企业信用画像机制走在全国前列

深圳市自2002年开始建立完全市场化运营的个人征信系统与政府主导建设的企业信用信息系统。从企业信用角度看，深圳结合自身实际情况和发展需求，针对中小微企业经营成本高和融资难、融资贵等突出问题，积极探索企业信用画像综合监管机制，充分发挥信用的杠杆作用，助力金融更好地为实体经济特别是中小微企业服务。政府积极开展与第三方征信机构的合作，探索共享信用信息和引入信用服务等创新举措。例如，深圳市公共信用中心推出了一套企业信用评级指标模型。该模型提炼了企业风险指数、经营指数、贡献指数、鼓励指数、关联指数5个维度指标，包括3个级别共112个指标。相关信息由企业自主填报，评级模型利用层次分析法、神经网络模型和决策树模型等方法得出企业评分，评级结果接轨标普国际标准即A、B、C、D 4类10级。该指标体系得出有效的评级数据，通过技术画像来精准定位风险主体，为政府决策和银行贷款提供参考。

企业信用指标体系的优势主要体现在：①强大的公共信用数据库作为支撑。依托"深圳信用网"，获取企业的银行、国税、地税、社保等数据，以检验企业上报数据的真实性。②专业的大数据云计算研发团队。与专业信用评级公司合作，共同开发大数据算法，用于评分计算，并分析结果。

企业信用指标体系的运行效果体现为：2016年，深圳市公共信用中心在前海蛇口自贸区先行试点企业信用画像机制，通过对片区内30 000余家注册企业信用信息的挖掘分析，并进一步对片区内注册企业进行了信用评级，配以相应的脸谱标识。2017年，将该指标模型推广到全市290多万家企业，运行效果明显。根据不同的信用等级采取了差异化的管理措施，如在日常监管和随机抽查中，针对违规风险较大的企业，加大了监管力度和频次，有效地增强了风险防控，减少了贷款违约率，帮助更多中小微企业实现了融资。

（二）区级层面成立独具特色的科技金融服务平台

作为深圳科技创新示范区的南山区，早在2011年就针对科技型中小企业提供了一系列贴款贴息政策。2014年11月，南山区科技局创立了南山科技金融服务平台。该平台构建了一套完整的中小微科技企业创新能力综合评价指标体系，对平台内科技型中小企业的信用进行评分。该指标体系从企业创新能力、管理能力、财务状况、行业地位、外界评价等多个维度共计102个指标进行评价，重点关注中小微企业的创新能力和未来成长性，弱化传统金融机构对企业财务状况和历史经营数据的关注，具有全面、科学、透明的特征。

目前，科技金融服务平台已在深圳市多个区推广使用。平台运行效果明显，通过平台第一次取得银行贷款的中小企业占比近50%，信用敞口接近70%，切实解决了融资难问题；合理的评级标准为银行筛选优质科技型中小企业，提高银行授信通过率，切实解决了融资链条长的问题；金融科技配合政府政策，企业综合融资成本为5%～7%，切实解决了融资贵的问题。

四、杭州实践

2010年，杭州市人民政府推出科技型初创企业培育工程（"雏鹰计划"），计划用5年时间，在杭州市重点培育和扶持1 000家科技型初创企业，形成技术水平领先、竞争能力强、成长性好的科技型企业群，建立一个"雏鹰企业"培育库。在"雏鹰计划"实施期间，市财政每年统筹安排5 000万元以上的专项资金，采用项目资助、投融资资助及奖励等形式对"入库"企业进行扶持。

对于"入库"企业有一个整体评价指标（表3-4），主要由市场、行业情况，人才团队，创新能力，商业模式和运营管理，财务状况，附加分6个部分组成，满分115分。

表3−4 杭州市"雏鹰计划"评分标准说明①

评分指标（分值）	具体内容
市场、行业情况 （25分）	行业市场容量
	其他企业进入行业的政策、资金、技术三大障碍情况
	行业发展前景
人才团队 （25分）	实际控制人和主要股东背景
	团队专业背景
创新能力 （25分）	知识产权评价（从专利、软件著作权等产权的数量和质量上评价）
	承担项目情况（从企业承担的项目数量、级别及科技含量上评价）
	产学研情况（从合作的科研院所的科研和应用实力及合作紧密程度考核）
	新产品竞争力
	获奖、资质情况
商业模式和运营管理 （15分）	产品或商业模式的创新性和可复制性
	企业可持续发展的风险
财务状况 （10分）	研发经费投入比例
	销售增长率
	销售规模
附加分 （不超过15分）	孵化器培育企业加2分
	大学生、留学生创业企业加2分
	获得国家创新基金资助或者国家级高新技术企业加8分，获得省创新基金资助或者市高新技术企业加5分
	获得银行贷款的企业按照金额确定加分额度2~4分，获得机构投资的企业加分4~8分，其他加分主要根据专家对企业的总体印象，酌情加分，最多加5分

---

① 资料来源：《杭州市科技型初创企业培育工程（"雏鹰计划"）的实施意见》（杭政办〔2010〕4号）。

五、武汉实践

武汉东湖新技术开发区是国务院特批的国家自主创新示范区。东湖高新区近几年在科技金融的发展上取得了重大进步。一方面得益于国家政策上的大力支持，另一方面是武汉自身重视信用体系建设。

2010年，武汉市人民政府同东湖高新区管委会、湖北银监局、人民银行武汉分行营管部合作推动东湖国家自主创新示范区企业信用体系的建设。从企业信用体系建设着手，建立起"一组一会一库"的组织保障体系，搭建起"一网一平台一体系"的工作运行机制。"一组一会一库"指社会信用体系建设领导小组、信促会和信用专家库。"一网一平台一体系"指光谷信用网、企业信用信息管理及应用平台、信用评价和评级体系。[1]

东湖高新区在服务小微企业、促进普惠金融发展方面具有良好的信用工作基础和较为完善的信用工作体系，现已形成科技企业信用体系建设的"东湖信用模式"。其特点体现如下。

1. 示范区内建立信用评价体系

东湖高新区自主研发了企业信用评价系统，借助中诚信、大公国际、联合信用等专业机构的力量，结合区域产业及企业特点，形成具有光谷特色的信用评价体系。企业信用评级系统包括60%的主观指标和40%的客观指标，其中主观指标由专家评审意见评估，客观指标是按照标准形成评价报告。因为区内科技型中小企业面临抵押物不足的现状，所以信用评级系统更关注科技型中小企业的科技含量和发展潜力，弱化财务数据等传统评价指标，在人力资源、技术实力、发明专利等方面探索设立特色指标，建立了全面真实反映科技型中小微企业特点的信用评价制度与指标体系。

2. 信息共享平台稳步建设

2012年，东湖示范区企业信用信息管理及应用系统建立，用于示范区内企业信用的采集、保存和整理。例如，已整合的市场监管、税务、银行、统计等多部门企业信用数据共562项，其中失信被执行信息、企业公积金缴纳信息、部分企业纳税信息等基础指标信息50项。截至2015年12月，征集企业信用信息162.5万条，覆盖东湖示范区3.6万家企业，涵盖多部门多类信息，累积形成信用评级和评价报告9 900多份。信息共享平台的不断完善，覆盖企业数量不断增加，其信息也不断丰富，一定程度上能够降低中小微企业融资时

---

[1] 资料来源：《东湖国家自主创新示范区企业信用体系建设实施意见》（武政〔2010〕42号）。

存在的信息不对称的问题,降低融资风险。[1]

六、重庆实践

为支持重庆自主创新示范区建设发展,解决科技型中小企业发展融资难、融资贵的短板,重庆市在探索建立科技企业信用评价体系的过程中,经历了两个阶段。

(一)信用评价体系的发展阶段

第一阶段:2016年12月,重庆市科委联合重庆银监局等部门推广了"X+1"综合授信体系试点。其中,"X"的部分是知识价值信用贷款,不需要企业任何抵押,而由知识产权部门对企业的科技人才、研发投入、知识产权与创新产品等要素进行核定,最高可达300万元;"1"是银行按照自身对科技型企业的评价标准而给予的商业信用额度。同时,建立了3亿元的担保基金给贷款企业作担保,基金担保本金的80%,剩余20%及相关利息都是由银行来承担,即银行和担保基金承担二八比例的风险。在此后的实际运用过程中形成了以"X"为主的科技企业知识价值信用评价体系。

第二阶段:2017年5月,重庆市科技委与市财政局、市知识产权局、中国工商银行重庆市分行、重庆农村商业银行共同推出《重庆市科技型企业知识价值信用评价体系》。重庆国家高新区率先启动知识价值信用贷款改革试点,以知识产权、研发投入、科技人才、创新产品和创新企业5个指标对科技型企业进行信用评价,构建了知识价值信用评价体系。

(二)信用评价体系的运行效果

科技企业知识价值信用贷款改革自2017年6月试点以来效果显著,已经为高新区68家科技企业发放贷款,总贷款额度1.5亿元。高新区在2017年贷款情况可以用3个50%来概括。第一个50%:申请入"科技企业库"的企业中有50%的企业有融资需求;第二个50%:有需求的企业中50%获得了贷款;第三个50%:获得贷款的企业中有50%是第一次申请贷款。目前,重庆市科委正将该信用评价体系在全市范围内推广运用。

(三)信用评价体系的显著特点

①该体系不注重财务指标而重知识价值,减少了财务审核的烦琐程序,更专注于考察企业的创新能力,提升融资效率;②知识价值只用做评估或参考,

---

[1] 雷荷仪,姚晨安,王心语,等. 武汉东湖高新区科技型中小企业债权融资问题的缓解对策探析[J]. 科技创业月刊,2017(5):32-35.

不用做质押；③银行提供"绿色通道"，容忍科技型企业不良贷款的发生，提高了容忍度；④传统的创新指标可能是主要通过专家打分来判断，而该体系中体现知识价值的5个指标完全利用评分系统定量考察。此外，科技企业评估系统是个动态的评分系统，"知识产权""研发投入"是基本指标，满分100分，"科技人才""创新产品""创新企业"作为企业知识价值信用的加分项。每年根据基本指标和额外加分指标计算综合得分，并划分为A、B、C、D、E 5个等级。

第四章 科技型中小企业信用评估存在的问题与改革建议

尽管北京、上海等国内发达城市已经建构了较好的科技型中小企业信用评估体系，但综合全国情况看，实践中的科技型中小企业信用评估仍存在较多问题。因此，为了更好地促进科技型中小企业的健康发展，需要改革和完善现有科技型中小企业信用评估体系。

第一节 科技型中小企业信用评估存在的问题

整体看，我国当前科技型中小企业信用评估存在的问题主要有评估标准针对性不强、信用识别未有效解决、融资难融资贵问题仍然存在、风险防范机制不健全、大数据支撑不足等。

一、评估标准针对性不强

科技型中小企业信用评估仍倚重于银行现有信用评估标准，因此导致过分看重财务指标、知识产权价值评价难、人才评价不足等问题。

银行现有的评价标准仍过度看重企业财务指标，如现金流、资产负债率，主要是考察其还本付息的能力。与科技型中小企业本身特点相冲突的地方在于科技型中小企业可能还尚未建立完整的财务管理制度，向银行申请贷款时所提供的财务信息的真实性、客观性、可靠性难以保证。

知识产权等无形资产是科技型中小企业最核心的竞争优势，但此类"软资产"相对于"硬资产"而言，价值难以评价。银行对知识产权的潜在价值难以评价的原因有二：一是传统银行缺乏懂高科技的金融人才，对企业所拥有的高新技术价值难以判断，科技与金融对接存在结构性矛盾；二是技术向市场最终转化为产品的过程存在很大的不确定性，新产品、新技术的开发面临市场风险，银行对此难以把握、评估。

与此同时，银行现有的评价标准对人才的评价不足，对科技人才指标的权重考虑不成熟。科技型中小企业往往具有"人合"兼"知合"的特质，科技人才是科技企业成长成熟进而实现高质量发展的基础性要素之一。企业创始人或者企业科技人员的自身学历、从业经验、网络人际关系、所获科技奖励都能在一定程度上反映个人的乃至企业的创新能力，但由于银行难以获得相关信息或获取信息成本较高，导致银行对科技型中小企业进行信用评估时往往没有将人才因素考虑在内。

二、信用识别未有效解决

对科技型中小企业的信用识别是实现融资的关键。信用识别的目的在于解决信息不对称问题，信息不对称是导致科技型中小企业融资难融资贵的重要原因。要识别科技型中小企业的信用等级就需要有特定的标准、规则和运行机制等。

尽管科技部、财政部、国家税务总局等部门于2017年5月3日出台了《科技型中小企业评价办法》，该办法主要适用于如何界定科技型中小企业，提出了一套界定科技企业的基本标准，但并不能据此确定科技企业的信用等级。因此，从法律、法规和政策层面看，国家并没有一套统一适用的确定科技型中小企业信用等级的标准。从地方层面看，前述代表性城市尽管已推出各具特色的科技企业信用等级评定标准和办法，但在指标选取、权重确定和具体适用方面具有差异性和地方性特征。从操作层面看，由于债权融资资金主要来源于银行，因此银行标准实际最终影响着科技型中小企业的信用等级。但当前银行对科技型中小企业信用评级指标体系并不完善和成熟，例如对于知识产权的价值评定较难、对科技人才指标的权重考虑不成熟、对企业创新能力把握不足等。

因此，要真正解决科技型中小企业融资难、融资贵问题，未来的重心是要加强对科技型中小企业的识别。通过信用评级方式，可以让企业透明化，能较好地解决科技企业融资过程中银企之间、政企之间信息不对称的问题。

三、融资难、融资贵问题仍然存在

科技企业尤其是中小型科技企业，由于自身轻资产、高风险、不确定性大等异质性特征，导致其种子期、初创期、成长期各阶段由于缺乏传统融资模式下所需的足值抵押物，因此普遍存在融资难融资贵问题。为了改变这一状况，促进科技企业的发展各地推出了多元融资模式，包括债权融资、股权融资、投贷结合融资等模式。

以成都推出的"科创贷"项目为例，其主要属于债权融资中的信用融资模式，即基于科技型中小企业的信用等级给予其相应额度的无抵押银行贷款支持。从统计数据看，截至2019年年底，"科创贷"项目已为2 612家企业提供了约56.91亿元的信用贷款。参与"科创贷"的银行约15家，部分银行还成立了专门的科技支行，如建设银行科技支行、交通银行科技支行、成都银行科技支行等。

如果仅从进入"科创通平台库"的企业数量来看（截至2019年年底，入库科技型中小企业5 235家，高新技术企业3 113家，技术先进型服务企业49家），"科创贷"项目已经实现了较大程度的服务覆盖。但如果针对成都市当前已经注册成立的约20 000家科技企业的数量来看，这样的信贷资金规模是远远不够的，也就是说多数企业仍不能从银行获得贷款尤其是信用贷款，贷款难问题只是得到一定程度的缓解，但并未实现最大限度的解决。因此，这些科技型企业不得不通过小贷公司、民间渠道筹措资金，这样的融资渠道又提高了科技型中小企业的融资成本。如果通过"科创贷"项目进行融资，资金成本能大幅节约。调研发现，即使是市场中成熟运行的国有控股型小贷公司，对科技型中小企业的贷款利率基本都在10%以上。这就导致科技型中小企业的融资贵问题仍未得到较好解决。

四、风险防范机制不健全

当前针对科技型中小企业的信用融资扶持实质上是一种基于政府推动的融资风险分担模式。其基本特征是政府财政出资注入风险基金池，并撬动相应比例的银行资金进行信用贷款，在出现风险时由政府、银行、担保公司、保险公司等主体分担风险。以成都"科创贷1.0"项目下的"银政担"为例，风险分担实行"四四二"分担原则，即政府承担40%风险、担保公司承担40%风险、银行承担20%风险。由于担保公司基于风险考虑等因素，"科创贷1.0"逐步过渡到"科创贷2.0"，推行"银政"及"银政保"模式。在"银政"模式下，风险按政府80%、银行20%的比例进行分担，政府承担的风险比例很大。

在此背景下，若政府不对申报"科创贷"项目的科技型中小企业进行较严格把关，将风控职责及贷款决定权完全交由银行行使，这是与政府的责、权、利不相匹配的，同时也可能导致政府工作失职及对公共财政资金使用的不当监管。因此，在当前缺乏一套科学合理的科技型中小企业信用评估指标体系的背景下，该问题就表现得异常突出，政府如何进行把关、如何进行初筛、如何进行风险防控应当成为重点考虑的问题。构建一套科学合理的科技企业信用评估体系有助于政府识别科技企业，有助于政府在初筛时行使否定权，有助于政府防控风险，尽可能促使财政资金的优化配置。

五、大数据支撑不足

信用评估需要采集评估对象的相关信息。因此，信息的科学性、完整性、真实性决定着信用评估的质量。当前，我国尚未构建完善的企业信用信息库，一些地方建立的科技型中小企业信息库也仅涉及企业的基础信息，信息面不广、信息失真、关键信息缺失等问题依然存在。这就不能有效地解决信息不对称问题，不利于对企业的识别及风险防控。"巧妇难为无米之炊"，如何采集科技企业信息是对科技企业进行信用评估的基本前提。

在当前各地的实践中，已有地方将大数据融入科技企业信用评估中。这些模式的总体特征体现为：由政府打造的信息平台对园区内或入库企业的信用信息进行采集，并以此作为信用评估的依据。其解决问题的基本思路是"以科技制科技"，以大数据建设支撑对科技企业的信用信息采集。以此为出发点，还未将信用评估和大数据相结合的省市，应当充分发挥大数据对社会信用体系建设的支撑功能；而事实上，当前各地一些优质大数据企业已经具备了这样的基础和能力。如果在条件成熟时，打造出一套全国性数据库则效果更佳。

第二节　科技型中小企业信用评估体系的改革建议

信用评估是依据一定的评价标准和评估指标体系，并运用科学的评价方法来判断被评价对象信用状况的过程。因此，建立科学完善的信用评估体系对于科技型中小企业解决融资难、融资贵问题具有重要意义。

一、加强信用评估体系构建的针对性

科技型中小企业信用评估体系的构建应当具有针对性，要重点突出科技型中小企业的本质属性"科技型"和规模属性"中小型"。

（一）"科技型"要求突出企业的科技特征、创新特征

在信用评价指标的选取上要充分围绕"科技型"进行筛选并确定相应权重。"科技型"塑造了此类企业的轻资产特质，其核心资产都集中于技术与人才，区别于重资产企业。既然核心资产都集中于技术与人才，那么就应当有相应的指标予以体现。"技术"指标可以体现为知识产权价值、技术研发投入与占比、技术市场优势与潜力等。"人才"指标可以体现为研发人员占比、研发团队构成、领军人才影响力等。鉴于科技企业的核心资产集中于技术与人才，

因此可以适当增加此类指标在整个指标中的权重。

（二）"中小型"要求充分考虑企业的规模和成长的阶段性

科技型中小企业往往规模小，多处于种子期、初创期，对此类企业而言，财务指标或是较难收集或是参考价值偏低，因此对其财务指标的选取可适当简化，以区别于对成熟型、规模较大型企业的财务指标评估方法。同时可以适当降低财务指标在整个指标体系中占据的权重。此外，科技型中小企业几乎都是民营企业，民营企业的一个特质就是受实际控制人影响较大，尤其是在初创期"人""企"混同度高，因此实际控制人对科技型中小企业信用起着十分重要的影响。对实际控制人的信用评价，应当充分考虑其学历、家庭背景、个人（家庭）资产、从业经历和违法（章）记录等。

二、加强信用评估体系构建的特色性

可以考虑分两步走：第一，在现有条件下，构建具有地方特色、体现地方风格的科技型中小企业信用评估体系。因此，各地要充分了解当地推行的科技金融与高质量发展工作的政策措施，要将这些政策措施全面充分地融入信用评估体系，让信用评估体系成为科技金融助力高质量发展的现实体现。同时，要在比较和借鉴各地实践做法后，结合本地科技型中小企业基本现状进行设计。第二，在条件成熟时，可以考虑构建适用于更大区域如京津冀、长三角、粤港澳、成渝等，乃至全国统一适用的科技型中小企业信用评估体系。

三、加强信用评估体系构建的运用性

（一）将实践运用贯穿于信用评估体系构建的全过程

该套信用评估体系构建的出发点和归宿是运用，因此如何增强运用性应当贯穿于构建的全过程。指标选取的针对性是增强运用性的前提。此外，还应当考虑此套指标体系由谁来用、如何用、用在何处、评估结果的实施等若干问题。

（二）扩大信用评估体系的适用对象

该套信用评估体系既可用于科技型中小企业债权融资过程中的信用评价，也可用于政府对科技企业的分类评级、确定扶持政策的给予，还可用于全社会信用体系下的基本信用评价和信用监管等。三者之间是一个使用目的上的直接、间接与根本的关系。

（三）信用评估体系运用范围的渐进性推广

初步考虑该套信用评估体系可以适用于一定的区域范围或特定项目。例如，可以先在国家高新区或者自贸区范围内落地运用以及适用于类似"科创贷"等政府推动的融资项目；其次，待实践成熟后再扩大适用范围，并加以调整完善。

四、加强信用评估体系运用的支撑性

前文指出，建立科技企业信息数据库是进行科技型中小企业信用评估的基础和前提，与科技型中小企业相匹配的数据是信用评估体系实践运用的重要支撑。因此，如何构建该信息数据库亦是一个关键性问题。初步考虑方案可以分为以下两类：

一是考虑未来构建的信用评估指标体系在适用范围上应逐步推广，因此可以先在落地区域内以及在类似于"科创贷"平台构建一套针对科技型中小企业的信息数据库，将评估体系中的指标到数据库中"对号入座"，由申报企业进行填写，通过评估指标体系设计好的权重和计算模型，由电脑软件自动生成初始信用评估结果。在初始信用评估结果生成后，再进行后期修正，并最终形成有效的信用评估结果。在实践成熟后，可以在更广的范围推广使用或者采集更多科技企业信息进入平台信息数据库。

二是借助当前大数据公司打造的企业信息库进行信用评估体系的评分运用。政府可以采购大数据公司服务或委托大数据公司等第三方机构运用该套信用评估体系进行针对科技型中小企业的信用评估。政府部门或金融机构在第三方机构初评结果上再予以确认或修正并最终加以运用。

第五章 科技型中小企业信用评估体系指标的选取[①]

评估指标是评估内容的载体和外在表现，它的设计是否科学、合理和全面，直接影响评估结果的准确性和客观性，因而它是信用评估最核心的内容。本章主要提出了科技型中小企业信用评估体系中评价指标选取的原则和方法，并且通过问卷调查的方式对选取的评估指标进行了检验分析，提出我国科技型中小企业信用评估的主要指标体系。

第一节 评估指标选取的原则和方法

一、评估指标选取的原则

科技型中小企业信用评估体系的构建是一个对评价对象总体特征认识的逐步深化、逐步求精与逐步完善的过程。科学而实用的评估指标体系是做好信用评估的基础，也是科技企业信用评估的核心和关键，更是科技企业信用评估取得良好效果的重要保证。科技企业信用评估体系的构建，需要从多个视角和多个层次出发，构建一个综合评价系统，全面准确地反映科技企业的信用状况，为政府、银行等机构的决策和管理提供服务。

本节运用系统论观点和系统分析方法，结合当前我国科技发展状况和科技企业特征，力求全面概括和充分评估我国科技型中小企业的信用状况。在评估指标的选择上，财务指标和非财务指标、定性指标和定量指标、绝对指标和相对指标、总量指标和人均指标、存量指标和流量指标相互兼顾；在科学合理的前提下，力求指标选取更加科学合理，在实际应用中更加方便、简洁，具有可操作性，本书通过问卷调查、专家打分等方式对指标进行了筛选和权重确定。在指标筛选的过程中，主要遵循以下几个原则。

---

① 感谢张伟科博士对本章研究提供的方法支持。

(一) 目的性原则

目的性原则是构建信用评估体系的出发点和根本，衡量指标体系是否合理有效的标准就是看它是否满足了信用评估的目的。科技企业尤其是科技型中小企业具有轻资产、高风险的异质性特征，因此在指标体系的选取方面应当具有针对性和差异性，这样才能符合指标体系构建的目的。

(二) 整体优化原则

科技型中小企业信用评估是一个系统工程，应该根据科技企业的特征和发展需要，建立一套既有侧重又有相互联系的指标体系来全面系统地评估科技型中小企业的信用问题。因此，要运用系统论的观点和方法，根据各指标对信用评估的重要程度，同时考虑各级指标在指标体系中的构成与逻辑关联度，对各指标进行整体优化。

(三) 定量与定性相结合原则

定量评价具有形式上的直观性和结果的可比性等优势。但是定量评价所依赖的数据主要来自企业财务报表等信息，对于部分关键指标无法进行量化。在市场竞争空前激烈和经营风险日益增大的背景下，增加企业发展战略和生产经营等方面的定性评价，能够综合反映科技企业的信用状况。知识经济时代的科技企业具有独特性，以技术、知识、人才、创新为核心。因此，在评估科技型中小企业信用时，除了关注企业财务指标，更应该关注企业的基本信息、控制人的信息和创新能力等非财务指标。

(四) 科学性原则

科学性原则包括信用评估指标的正确性、指标体系的完整性、评价方法的科学性、评价过程的逻辑严密性等。科技型中小企业的信用状况受多种因素的影响，要真实地反映企业的信用状况，就必须建立一个能够客观评价实际控制人、企业基本信息、企业财务能力和企业创新能力等方面的综合评价体系，全面科学合理地评估科技企业的信用状况。

(五) 可操作性原则

可操作性是科技型中小企业信用评估体系构建必须考虑的重要因素。如果评估体系不具有可操作性，即使该体系具有科学性、合理性、全面性和系统性，也没有实际意义。因此，信用评估体系的设计应本着定义明确、简明扼要、表达方式易懂、数据易于采集、指标数据繁简适当、指标体系合理的原则，便于政府、银行等部门评估人员理解和使用。

二、评估指标选取的方法

为了能够科学、合理、全面和系统地评估科技型中小企业信用状况，本书采用不同方法，通过不同渠道获取了大量评估指标，主要包括以下几个方面。

（一）通过国内外金融机构信用评估体系获取

本书整理了国内外主要金融机构信用评估体系的相关指标，如美国的穆迪、标普、惠誉等公司的信用评估体系指标，德国、法国、日本等国家央行主导的信用评级模式指标，国内建设银行、交通银行及地方商业银行成都银行等金融机构的信用评估指标。

（二）通过政府部门企业信用评估体系获取

笔者调研了重庆、北京、深圳、上海、杭州、武汉、成都等地的政府部门，其中，北京、上海、深圳、重庆、武汉已经构建了具有自身特色的科技型中小企业信用评估指标体系。例如，北京中关村科技企业信用评级体系，上海张江高科技园区企业信用评级体系，深圳前海蛇口自贸区"企业信用画像"信用评级体系，重庆"X+1"综合授信体系，武汉东湖示范区企业信用评级体系。本书通过以上信用评估体系的对比分析，根据科技型中小企业特征，筛选出了部分评价指标。

（三）通过国内外信用评估研究文献获取

通过对国内外学者关于科技企业信用评估等研究文献的梳理，结合实际运用情况，本书选取了大量科技型中小企业信用评估指标，如偿债能力、营运能力、盈利能力、成长能力等指标。

（四）通过问卷调查获取

笔者调研了国内有代表性的商业银行和地方科技型中小企业，向工商银行、建设银行、中国银行、交通银行、民生银行、农商银行、招商银行、成都银行等金融机构发放了调查问卷，对北京、上海、广州、深圳、重庆、天津、成都、杭州、南京、武汉等地的科技型中小企业进行了问卷调查。通过问卷调查的方式，本书对海选指标进行了完善，剔除了现金到期债务比等指标，增加了知识产权等指标。

三、评估指标的选取

本书遵循权威性、针对性、独立性等原则，通过调查问卷和德尔菲法，对部分指标进行了调整，包括增加或者减少海选的指标，通过"三上三下"① 的方式形成科技型中小企业信用评估指标体系。

本书构建的科技型中小企业信用评估体系如表 5-1 所示。

表 5-1　科技型中小企业信用评估体系

一级指标	二级指标	三级指标
实际控制人能力 A1	基本信息 B1	学历 C1
		从业经历 C2
		婚姻状况 C3
		子女状况 C4
	个人资产 B2	房产车辆 C5
		货币资金 C6
		金融资产 C7
		对外投资 C8
	个人信用 B3	负债情况 C9
		违法（章）记录 C10
		诉讼情况 C11
		个人担保 C12
	身份头衔 B4	国内外顶尖人才 C13
		国家级领军人才 C14
		地方级领军人才 C15
		人大代表或政协委员 C16
		职称 C17

---

① "三上三下"是本书选取与确定指标的特色方法："一上"，从文献和实践中选取若干代表性指标；"一下"，通过访谈政府部门、金融机构、科技型中小企业，掌握不同主体对拟选取指标的偏好与意见；"二上"，保留、剔除及补充部分指标，形成问卷；"二下"，再对政府部门、金融机构、科技型中小企业进行问卷调查，形成专家意见；"三上"，根据专家评分及意见形成初步评估体系；"三下"，实证检验，确定指标和标准，并形成最终的信用评估体系。

续表5-1

一级指标	二级指标	三级指标
经营管理能力 A2	基本信息 B5	历史沿革 C18
		管理层构成 C19
		股东变更 C20
		公司制度 C21
		注册资本 C22
	经营信息 B6	银行经营流水 C23
		上下游合作企业商誉 C24
		资质认证 C25
		获得外部投资 C26
		社保缴纳 C27
		纳税情况 C28
		水电气缴纳 C29
		负债情况 C30
	负面信息 B7	诉讼情况 C31
		经营异常 C32
		行政处罚 C33
		不良还贷记录 C34
	竞争能力 B8	行业情况 C35
		市场占有率 C36
		政策支持 C37
		技术壁垒 C38

续表5－1

一级指标	二级指标	三级指标
财务能力 A3	偿债能力 B9	资产负债率 C39
		现金流动负债比 C40
		流动比率 C41
		速动比率 C42
	营运能力 B10	总资产周转率 C43
		存货周转率 C44
		营业费用率 C45
		应收账款周转率 C46
	盈利能力 B11	销售净利润率 C47
		销售毛利率 C48
		总资产利润率 C49
		成本费用利润率 C50
	成长能力 B12	总资产增长率 C51
		主营利润增长率 C52
		主营业务收入增长率 C53
		净利润增长率 C54
创新能力 A4	创新投入 B13	研发经费投入占比 C55
		科技人员占比 C56
		新产品开发能力 C57
	知识产权 B14	知识产权创造 C58
		知识产权运营 C59
		知识产权管理与保护 C60
	创新团队 B15	团队成员的学历 C61
		团队成员的从业经验 C62
		团队成员的影响力 C63
	创新评价 B16	国家级奖励 C64
		省部级奖励 C65
		市厅级奖励 C66

第二节 问卷设计与统计分析

一、问卷设计与数据采集

问卷设计是问卷调查的重要环节，问卷的质量直接影响到科技型中小企业信用评估体系的权威性和科学性。在本章第一节所构建的科技型中小企业信用评估体系的基础上，本节通过以下步骤对问卷进行设计。

（一）问卷内容的确定

本问卷是针对本书已构建的科技型中小企业信用评估体系而设计的。考虑科技型中小企业特征与我国信用评估发展现状，本书主要以4个维度作为科技企业评估体系的一级指标，即实际控制人能力、经营管理能力、财务能力和创新能力。调查问卷主要由评价指标、评价变量与衡量刻度3部分构成。

1. 评价指标

本问卷共设计了4个一级评价指标，16个二级评价指标和66个三级评价指标，并且各个指标的确定是在充分研究和调查国内外相关评价体系的基础上，结合科技企业的自身特征进行确定的。因此，这些指标能够与国际相关评价体系接轨，也具有可操作性，对于评估我国科技型中小企业信用状况具有重要的现实意义。

2. 评价变量

评价变量是根据每个评价指标设定可衡量的变量，具体包括财务指标和非财务指标、定性指标和定量指标、绝对指标和相对指标、存量指标和流量指标等，这些指标相互兼顾。

3. 衡量刻度

衡量刻度主要根据指标的重要程度分别用"1分、2分、3分、4分、5分"表示，被调查者根据指标的重要程度给出1~5分评价。"1分"代表该指标不考虑，"2分"代表该指标不重要，"3分"代表该指标重要，"4分"代表该指标比较重要，"5分"代表该指标非常重要。

（二）问卷的预测试

为了保证问卷的科学性和合理性，在正式进行问卷调查之前，笔者进行了问卷的预测试。本书的测试对象主要包括商业银行和小贷公司的中高层管理人员、政府相关部门和高校的专家学者等。预测试的重点是检验问卷中指标的设计是否科学合理，是否存在理解上的歧义，指标界定是否准确，指标是否存在遗漏或者重复等。本书的预测试方法是面对面访谈，逐一听取被调查者的意见，然后进行修改。例如，经过问卷预测试，一级指标从最初的 5 个缩减到最终的 4 个，二级指标从最初的 12 个增加到最终的 16 个，三级指标从最初的 45 个增加到最终的 66 个，并且对部分指标进行了重新界定和替换。通过预测试，正式问卷的科学性和合理性得到大幅度的提升。

二、样本的选取与控制

因科技型中小企业信用评估体系具有很强的专业性和实务性，本次调研对象主要集中于商业银行、小贷公司、政府部门、大数据公司等机构的专业人员。为了尽可能减少因理解差异而产生的误差，提高调查问卷的有效性和准确性，本次调研主要采用实地收集调查问卷的方式。

（一）样本情况

因科技型中小企业信用评估体系的专业性和实践性较强，且不同使用者对该体系的关注点不同。基于此，笔者实地调研了北京、上海、重庆、深圳、成都等地的政府部门、金融机构和科技企业。向工商银行、建设银行、中国银行、交通银行、民生银行、成都农商银行、招商银行、成都银行等金融机构发放问卷共计 200 份，回收问卷共计 151 份，其中有效问卷 145 份，有效问卷回收率为 72.50%。按照布茨马（Boomsma，1982）对样本容量的建议[1]，本书样本数超过 100 份，满足研究要求。被调查者的基本情况见表 5-2。

表 5-2 被调查者分类统计

被调查者	样本数量（份）	占比（%）
商业银行信贷部总经理/副总经理	59	40.69
小贷公司总经理/业务副总经理	35	24.14
政府部门相关负责人	17	11.72
大数据公司总经理/业务副总经理	34	23.45
合计	145	100.00

（二）样本控制

为了使调查数据具备广泛性和客观性，本书对每个单位的被调查者数量限

---

[1] BOOMSMA A. The Robustness of LISREL against Small Sample Sizes in Factor Analysis Models [J]. Systems under Indirect Observation: Causality, Structure, Prediction (Part I). 1982: 149-173.

定为10位，并且要求被调查者是从事贷款、信用评估等方面的专家，对科技型中小企业信用评估比较熟悉。基于此，被调查者主要包括商业银行信贷部总经理/副总经理、小贷公司总经理/业务副总经理、大数据公司总经理/业务副总经理，以及政府金融办、信息办、科技局等相关部门负责人。另外，对每位被调查者进行了专门培训，包括讲解问卷调查的目的、问卷调查的内容、如何填写问卷等。通过以上措施，在一定程度上提高了本次问卷调查的可信度。

（三）调查过程控制

在调查过程中，为了增加问卷调查的准确度，防止不同的被调查者对评价指标、评价变量和衡量刻度有不同的理解，本书中的问卷调查采用实地调查的方式进行。调查人员针对问卷调查的评价指标、评价体系、相关问题释义与填写要求等事项向被调查者进行了解释说明，并且要求现场填写和回收问卷。通过过程控制，在一定程度上减少了调查过程中可能产生的误差，提高了问卷调查的可信度和准确度。

三、问卷的有效性分析

问卷的有效性对于科技型中小企业信用评估体系的构建至关重要。通常采用信度和效度来评价调查问卷是否有效。其中，信度用来评价调查结果是否一致，所设置的评估项目是否全面完整，总体结构是否合理；效度则是主要评价问卷结果是否有效。对于问卷调查来说，效度是首要条件，而信度是效度不可缺少的辅助品。

（一）信度检验

问卷的信度是指问卷调查结果的一致性、稳定性及可靠性。信度系数越大，表示该调查的结果越一致，稳定可靠。一般用内部一致性可信度、重测可信度、复本可信度、折半可信度等方法来检验问卷的信度。本书选用内部一致性可信度来检验调查问卷的信度。

1. 内部一致性可信度

内部一致性可信度，又称内部一致性系数，是指用来评价同一个概念的多个计量指标的一致性程度，换句话说就是调查问卷中各个项目间的相关程度。内部一致性可信度通常用"Cronbach'a"系数测量，其公式为：

$$\alpha = \frac{K}{K-1}\left[1 - \frac{\sum S_i^2}{S_X^2}\right] \qquad (5-1)$$

其中，K为问卷中的问题数量；S_i^2为所有问卷中第i个问题答案的方差；S_X^2为所有被调查者问题答案的方差。

"Cronbach'a"系数值大于0小于1，它的值越大，表示内部一致性可信度越高。一般情况下，"Cronbach'a"系数值大于0.8，说明内部一致性可信度非常高；"Cronbach'a"系数值大于0.6小于0.8，说明内部一致性可信度较高；"Cronbach'a"系数值小于0.6，说明内部一致性可信度较低。

2. 可信度检验结果分析

本书采用内部一致性可信度检验了"科技型中小企业信用评估体系构建调查问卷"指标设计与数据采集情况。通过分析内部一致性系数"Cronbach'a"值来检验评价指标的一致性和相关程度。通常情况下，"Cronbach'a"系数值至少要大于0.5，最好大于0.7[①]。调查问卷的内部一致性可信度检验结果如表5-3所示。

表5-3 内部一致性可信度检验结果

一级指标	Cronbach'a	二级指标	Cronbach'a	三级指标	Cronbach'a
实际控制人能力	0.940	基本信息	0.942	学历	0.943
				从业经历	0.942
				婚姻状况	0.942
				子女状况	0.942
		个人资产	0.942	房产车辆	0.942
				货币资金	0.942
				金融资产	0.942
				对外投资	0.941
		个人信用	0.942	负债情况	0.942
				违法（章）记录	0.942
				诉讼情况	0.941
				个人担保	0.941
		身份头衔	0.943	国内外顶尖人才	0.942
				国家级领军人才	0.942
				地方领军人才	0.942
				人大代表或政协委员	0.942
				职称	0.942

---

① NUNNALLY J C, BERNSTEIN I H. Psychometric Theory [M]. New York：McGraw-Hill，1994.

续表5-3

一级指标	Cronbach'a	二级指标	Cronbach'a	三级指标	Cronbach'a
经营管理能力	0.942	基本信息	0.942	历史沿革	0.941
				管理层构成	0.943
				股东变更	0.94
				公司制度	0.942
				注册资本	0.942
		经营信息	0.941	银行经营流水	0.942
				上下游合作企业商誉	0.942
				资质认证	0.941
				获得外部投资	0.941
				社保缴纳	0.938
				纳税情况	0.939
				水电气缴纳	0.942
				负债情况	0.942
		负面信息	0.941	诉讼情况	0.942
				经营异常	0.942
				行政处罚	0.941
				不良还贷记录	0.942
		竞争能力	0.941	行业情况	0.942
				市场占有率	0.941
				政策支持	0.941
				技术壁垒	0.941

续表5-3

一级指标	Cronbach'a	二级指标	Cronbach'a	三级指标	Cronbach'a
财务能力	0.941	偿债能力	0.941	资产负债率	0.942
				现金流动负债比	0.942
				流动比率	0.941
				速动比率	0.941
		营运能力	0.941	总资产周转率	0.941
				存货周转率	0.944
				营业费用率	0.941
				应收账款周转率	0.941
		盈利能力	0.942	销售净利润率	0.942
				销售毛利率	0.942
				总资产利润率	0.941
				成本费用利润率	0.944
		成长能力	0.941	总资产增长率	0.941
				主营利润增长率	0.942
				主营业务收入增长率	0.941
				净利润增长率	0.942
创新能力	0.944	创新投入	0.942	研发经费投入占比	0.942
				科技人员占比	0.942
				新产品开发能力	0.941
		知识产权	0.941	知识产权创造	0.942
				知识产权运营	0.941
				知识产权管理与保护	0.941
		创新团队	0.942	团队成员的学历	0.942
				团队成员的从业经验	0.944
				团队成员的影响力	0.942
		创新评价	0.941	国家级奖励	0.941
				省部级奖励	0.942
				市厅级奖励	0.942

从表 5-3 可以看出，一级指标的"Cronbach'a"系数值位于 0.940~0.944 之间，二级指标的"Cronbach'a"系数值位于 0.941~0.943 之间，三级指标的"Cronbach'a"系数值位于 0.938~0.944 之间。一级指标、二级指标和三级指标全部大于 0.7，符合调查问卷的信度检验要求，说明本书的调查问卷具有较高的可信度。

（二）效度检验

1. 效度检验方法

效度，又称有效性，一般是指测量工具或手段能够准确测出所需测量的事物的程度，即所测量到的结果反映所想要考察内容的程度。调查问卷的效度是指调查问卷得到的结果与要考察的内容是否吻合。效度越高，则调查结果与内容越吻合；反之，调查结果与内容越不吻合。通常情况下，效度分为内容效度、准则效度和结构效度 3 种类型。

（1）内容效度。内容效度又称逻辑效度，是指调查问卷的问题与研究主题是否吻合，即调查问卷内容的适当性和相符性。内容效度检验就是检查问卷中调查内容设计由概念到指标的经验推演是否符合逻辑、是否有效。因此，我们必须根据研究理论的内容，搜集和整理所有相关的问题和变量，从中筛选出符合研究范围并且能够代表调查目的的问题，这样才能使问卷的内容具有有效性。但是对于内容效度的评价主要以专家判断为主。

（2）准则效度。准则效度是指一个好的问卷应该和测量相同概念的问卷高度相关，和测量有关概念的问卷显著相关，和测量无关概念的问卷不相关或低相关。分析效标关联效度的通常做法是对问卷调查结果与有效度标准进行相关性分析，相关性系数越大说明效标关联性越好，一般相关系数位于 0.4~0.8 之间较为理想。

（3）结构效度。结构效度是指调查问卷所能衡量的概念结构能显示出科学的意义并符合理论上的设想，是与理论假设相比较来检验的。结构效度一般用收敛有效度和区别有效度来评价。调查问卷具有较高的结构效度，应该保证收敛有效度所代表的相关程度较高，而区别有效度所代表的相关程度较低。

2. 效度检验结果分析

在问卷设计过程中，借鉴了国内外学者的相关理论和研究成果，在一定的理论基础上设计完成的，并且在设计过程中，与相关专家、学者和银行等金融机构的高级管理人员进行了大量的讨论、推敲，不断修改和完善而最终形成。目前，国内尚未形成基于科技型中小企业信用评估指标体系可以作为本调查问卷的有效度标准，无法进行准则效度检验。因此，本书选用 SPSS 软件因子分析模块中的因子分析功能来检验调查问卷的结构效度，主要指标包括特征值、方差贡献率、累计贡献率、因子载荷，选用 AVE 值和相关系数来分析区别效度。

因本问卷的指标体系所涉及的评价指标较多，如果将所有调查问题全部纳入统一测量模型，通过模型进行效度检验会有较大的困难。本书借鉴塞西和卡拉赫（Sethi，Carraher，2010）的方法，把调查问卷根据一级评价指标的种类，分为 4 个维度进行效度检验，包括实际控制人能力、经营管理能力、财务能力和创新能力，分别进行因子分析检验。[①]。另外，在进行因子分析前，分别采用克莫检验（KMO Test）、巴特利特（Bartlett）的球形检验，以便确认能否进行因子分析。本书采用以上方法对所有一级指标、二级指标和三级指标进行了效度检验，结果显示全部满足结构效度检验的标准，即公共因子的特征值大于 1，公共因子的累计方差高于 70%，各个问题的标准因子载荷高于 0.5，AVE 值大于 0.5。其具体检验过程及其结果因篇幅限制没有列出。

[①] SETHI V，CARRAHER S M. Developing Measures for Assessing the Organizational Impact of Information Technology: A Comment on Mahmood and Soon's Paper [J]. Decision Sciences, 1993, 24 (4): 867-877.

第六章　科技型中小企业信用评估体系指标的界定

科技型中小企业信用评估已经得到了广泛关注。目前,新时代背景下的我国科技型中小企业信用评估体系尚未形成统一标准,大部分金融机构或政府部门借鉴西方模式,从财务指标和非财务指标出发,采用定量评估和定性评估相结合的方法,构建多维度、多层级评估体系。但是,这些评估体系并没有完全反映新时期我国科技型中小企业的异质性特征。本章在第五章科技型中小企业信用评估体系指标选取的基础上,确定了科技型中小企业信用评估体系的指标及其评分标准。

本书构建的科技型中小企业信用评估体系由一级指标、二级指标和三级指标组成。其中,一级指标主要包括实际控制人能力、经营管理能力、财务能力和创新能力4个方面。

第一节　实际控制人能力评价指标的界定及评分标准

实际控制人对企业信用会产生重要影响。实际控制人的道德品行、从业经历、诚信度、社会声誉和个人资产等都会在一定程度上影响科技企业的信用。本书根据实际控制人的特征,采用4个二级指标界定实际控制人能力,包括基本信息、个人资产、个人信用和身份头衔,详见表6-1。

表 6-1 实际控制人能力评价指标的界定及评分标准

二级指标	三级指标	评分标准
基本信息	学历	博士得 100 分，硕士得 90 分，本科得 80 分，大专得 60 分，其他得 0 分
	从业经历	同行业≥10 年（非相似行业≥15 年）得 100 分，5 年≤同行业＜10 年（10 年≤非相似行业＜15 年）得 80 分，3 年≤同行业＜5 年（5 年≤非相似行业＜10 年）得 60 分，其他得 0 分
	婚姻状况	已婚得 100 分，未婚（离异）得 80 分
	子女状况	有子女得 100 分，无子女得 80 分
个人资产	房产车辆	500 万元以上得 100 分，200 万元~500 万元得 80 分，200 万元以下得 60 分
	货币资金	100 万元以上得 100 分，50 万元~100 万元得 80 分，50 万元以下得 60 分
	金融资产	100 万元以上得 100 分，50 万元~100 万元得 80 分，50 万元以下得 60 分
	对外投资	500 万元以上得 100 分，200 万元~500 万元得 80 分，200 万元以下得 60 分
个人信用	负债情况	无负债得 100 分，0~50 万元得 80 分，50 万元~100 万元得 60 分，100 万元以上得 0 分
	违法（章）记录	无违法违章记录得 100 分；违章少于 5 次得 80 分；一般违法少于 3 次得 60 分；违章大于 5 次或者一般违法大于 3 次得 0 分；重大违法得－100 分，并且最高信用级别为 B 级
	诉讼情况	未被纳入失信被执行人名单得 100 分；被纳入失信被执行人名单得－100 分，并且最高信用级别为 B 级
	个人担保	未提供任何担保得 100 分，为他人或公司提供担保得－100 分

续表6—1

二级指标	三级指标	评分标准
身份头衔	国内外顶尖人才	在基本信用评分基础上加30分
	国家级领军人才	在基本信用评分基础上加20分
	地方级领军人才	在基本信用评分基础上加10分
	人大代表或政协委员	全国人大代表或者政协委员加15分，省、自治区、直辖市人大代表或政协委员加10分，设区的市或自治州的人大代表或政协委员加8分，县、自治县、不设区的市人大代表或政协委员加3分
	职称	"双一流"建设高校和中国科学院、中国社科院等的正高职称加5分，"双一流"建设高校的副高职称、"一流学科"建设高校的正高职称、高级管理人员加3分，其他高级职称人员加1分

一、基本信息

实际控制人基本信息包括学历、从业经历、婚姻状况和子女状况4个三级指标。

1. 学历

实际控制人在受教育的过程中，其信息整合与处理能力、思维和认知能力会得到提高，这对于企业来说是一种重要的信用基础。具有较高学历的实际控制人有深厚的知识沉淀，能够合理识别或规避风险，同时也具有较高的信用意识。因此，实际控制人的学历与企业信用呈正相关关系。本信用评估体系对实际控制人的学历的界定及评分标准为：博士得100分，硕士得90分，本科得80分，大专得60分，其他得0分。

2. 从业经历

实际控制人既往所从事的行业与企业所在行业相同或者相近，从业时间越长越会对公司的经营发展产生一定的推动作用。拥有相同或相似行业从业经历的实际控制人，了解和掌握行业的核心技术及竞争力，对技术的运用和革新游刃有余，会比较了解行业发展状况和发展方向，在未来企业发展中具有更强的竞争力。本信用评估体系对实际控制人的从业经历的界定及评分标准为：同行业或者相似行业从业经历大于10年［非相似行业大于15年］，得100分；同行业或者相似行业从业经历大于5年小于10年［非相似行业大于10年小于15年］，得80分；同行业或者相似行业从业经历大于3年小于5年［非相似行业大于 5 年小于 10 年],得 60 分;其他得 0 分。

3. 婚姻状况

实际控制人的婚姻状况会对科技型中小企业经营的发展产生重要影响。目前,我国科技企业以中小企业为主,若企业实际控制人为未婚状态,一般来说生活较为不稳定,决策时牵绊较少,倾向于冒进决策。相反,当企业实际控制人为已婚状态时,则会更有责任感,在决策时会更多考虑风险问题,以尽量降低经营风险发生的概率。总之,已婚状态比未婚状态所面临的风险因素更少。本信用评估体系对实际控制人的婚姻状况的界定及评分标准为:已婚得 100 分,未婚(离异)得 80 分。

4. 子女状况

与婚姻状况的影响机理类似,实际控制人的子女状况也会影响科技型中小企业的信用。如果企业实际控制人没有子女,则牵绊较少,可能采取比较冒进的决策,使企业面临更大的风险。相反,如果企业实际控制人有子女,出于责任心等原因,在企业发展经营过程中可能采取保守决策。因此,本评估体系对实际控制人的子女状况的评分标准为:有子女得 100 分,无子女得 80 分。

二、个人资产

实际控制人的界定及个人资产是影响科技型中小企业信用的重要因素。拥有充足资产的实际控制人,能够更合理地规划企业未来的发展,按时实缴注册资本,并且能够为公司信贷提供担保;相反,当实际控制人的资产较少甚至为负数时,可能影响企业未来的融资能力。本信用评估体系中的实际控制人资产包括房产车辆、货币资金、金融资产和对外投资 4 个三级指标。

1. 房产车辆

关于房产车辆的价值认定以专业评估机构的评估价为主。本信用评估体系对房产车辆的界定及评分标准为:房产车辆价值在 500 万元以上得 100 分,大于 200 万元小于 500 万元得 80 分,200 万元以下得 60 分。

2. 货币资金

货币资金是指存在于货币形态的资金,包括现金、银行存款和其他货币资金,其中其他货币资金包括外埠存款、银行汇票存款、银行本票存款、信用证保证金存款、信用卡存款与存出投资款等。本信用评估体系对货币资金的界定及评分标准为:100 万元以上得 100 分,大于 50 万元小于 100 万元得 80 分,50 万元以下得 60 分。

3. 金融资产

金融资产包括股票、国债、基金、证券集合理财、银行理财产品、第三方存管保证金、保险、黄金及黄金保证金、集合资金信托计划等。本信用评估体系对金融资产的界定及评分评标为：100万元以上得100分，大于50万元小于100万元得80分，50万元以下得60分。

4. 对外投资

对外投资是指通过投资取得被投资单位的股份，也就是说实际控制人通过购买其他企业（准备上市、未上市公司）的股票或以货币资金、无形资产和其他实物资产直接投资于其他单位，最终目的是获得较大的经济利益，这种经济利益可以通过分得利润或股利获取，也可以通过其他方式取得。本信用评估体系对外投资的界定及评分标准为：500万元以上得100分，大于200万元小于500万元得80分，200万元以下得60分。

三、个人信用

实际控制人的道德品行、诚信度、违法违纪、对外负债或者担保等个人信用情况都会影响企业本身的信用。本信用评估体系主要从4个方面评价实际控制人的个人信用情况，包括负债情况、违法（章）记录、诉讼情况与个人担保4个三级指标。

1. 负债情况

本信用评估体系将负债情况界定为除房贷以外的负债，具体评分标准为：无负债得100分，负债小于50万元得80分，负债大于50万元小于100万元得60分，负债超过100万元得0分。

2. 违法（章）记录

本信用评估体系对违法违章记录界定及评分标准为：无违法违章记录得100分；违章[①]少于5次得80分；一般违法[②]少于3次得60分；违章大于5次

[①] 本书所称的违章是指交通违章，即机动车、非机动车驾驶人或行人违反道路交通安全法规、交通管理及影响交通路况的行为。

[②] 本书所称的一般违法是指危害性较小的民事违法和行政违法。

或者一般违法大于 3 次得 0 分；重大违法①得-100 分，并且最高信用级别为 B 级。

3. 诉讼情况

本信用评估体系对实际控制人诉讼情况的界定，以最高人民法院公布的全国法院失信被执行人名单信息与查询平台公布的失信被执行人名单为准。如果实际控制人未被纳入该名单，得 100 分；如果被纳入失信被执行人名单，得-100 分，并且最高信用级别为 B 级。

4. 个人担保

本信用评估体系对个人担保的评分标准为：未提供任何担保得 100 分，为他人或公司提供担保得-100 分。

四、身份头衔

科技型中小企业实际控制人的身份头衔会产生一定的信用效应。本信用评估体系中的实际控制人的身份头衔包括国内外顶尖人才、国家级领军人才、地方级领军人才、人大代表或政协委员以及职称 5 个方面。

1. 国内外顶尖人才

国内外顶尖人才主要包括诺贝尔奖获得者、国家最高科学技术奖获得者、中国科学院院士、中国工程院院士、中国社会科学院学部委员以及相当于上述层次的顶尖人才。如果实际控制人是国内外顶尖人才，在基本信用评分基础上加 30 分。

2. 国家级领军人才

国家级领军人才主要包括国家有突出贡献的中青年专家，中国青年科技奖获得者，享受国务院政府特殊津贴的专家，国家杰出青年基金项目完成人，国家自然科学奖、国家技术发明奖、国家科学技术进步奖一等奖及以上获得者或项目主要完成人，中国工艺美术大师，国家级非物质文化遗产传承人，中华技能大奖获得者，省科学技术杰出贡献奖获得者以及相当于上述层次的领军人才。如果实际控制人是国家级领军人才，在基本信用评分基础上加 20 分。

---

① 本书所称的重大违法主要包括以下几个方面：(1) 因贪污、贿赂、侵占财产、挪用财产或者破坏社会主义市场经济秩序，被判处刑罚，执行期满未满 5 年，或者因犯罪被剥夺政治权利，执行期满未逾 5 年；(2) 担任破产清算公司、企业的董事或者厂长、经理，对该公司、企业的破产负有个人责任，自该公司、企业破产清算完结之日起未逾 3 年；(3) 担任因违法被吊销营业执照、责令关闭的公司、企业的法定代表人，并负有个人责任，自该公司、企业被吊销营业执照之日起未满 3 年；(4) 个人所负数额较大的债务到期未清偿。

3. 地方级领军人才

地方级领军人才主要包括省部级青年科技奖获得者，省部级有突出贡献的中青年专家，国家自然科学奖、国家技术发明奖、国家科学技术进步奖二等奖获得者或项目主要完成人，省级自然科学奖、社会科学优秀成果奖、技术发明奖、科学技术进步奖一等奖及以上获得者或项目主要完成人，省级学术与技术带头人，省级工艺美术大师，全国技术能手，国家级技能大师工作室领衔人，省级非物质文化遗产传承人以及相当于上述层次的领军人才。如果实际控制人是地方级领军人才，在基本信用评分基础上加10分。

4. 人大代表或政协委员

人大代表包括全国人大代表，省、自治区、直辖市人大代表，设区的市或自治州的人大代表，县、自治县、不设区的市人大代表等；政协委员包括全国政协委员，省、自治区、直辖市政协委员，设区的市或自治州的政协委员，县、自治县、不设区的市政协委员等。具体评分如下：全国人大代表或者政协委员加15分，省、自治区、直辖市人大代表或政协委员加10分，设区的市或自治州的人大代表或政协委员加8分，县、自治县、不设区的市人大代表或政协委员加3分。

5. 职称

本信用评估体系的高级职称包括除国内外顶尖人才、国家级领军人才、地方级领军人才外的本科院校或科研院所的高级职称，高级管理人员包括世界500强企业担任3年以上高级职务的专业技术人才和经营管理人才。其中，"双一流"建设高校和中国科学院、中国社科院等的正高职称加5分，"双一流"建设高校的副高职称、"一流学科"建设高校的正高职称、高级管理人员加3分，其他高级职称人员加1分。

第二节 经营管理能力指标的界定及评分标准

企业经营管理能力涵盖了企业的注册信息、股东信息、企业变更信息、经营状况、司法信息和负面记录等内容，基本上包括与企业信用相关的大多数信息，被广泛应用于银行等金融机构授信、尽职调查等过程，是影响科技型中小企业信用水平的重要因素之一。本信用评估体系中的企业经营管理能力指标主要包括基本信息、经营信息、负面信息和竞争能力4个二级指标，详见表6-2。

表 6-2　企业经营管理能力的评价指标及其评分标准

二级指标	三级指标	评分标准
基本信息	历史沿革	经营时间大于 10 年得 100 分，大于 5 年小于 10 年得 80 分，5 年以下得 60 分
基本信息	管理层构成	管理层从业经历：平均从业经历大于 10 年得 100 分，5~10 年得 80 分，3~5 年得 60 分，其他得 0 分 管理层教育背景：研究生及以上学历占比超过 80% 得 100 分，研究生及以上学历占比超过 60% 或者本科及以上学历占比超过 80% 得 80 分，本科及以上学历占比超过 60% 得 60 分，其余得 0 分。
基本信息	股东变更	近 3 年内股东变更次数小于 2 次得 100 分，大于 2 次小于 5 次得 60 分，大于 5 次得 0 分
基本信息	公司制度	公司制度健全得 100 分，制度不健全得 60 分，无制度得 0 分
基本信息	注册资本	有限责任公司：大于 100 万元得 100 分，50 万元~100 万元得 80 分，50 万元以下得 60 分 股份有限公司：大于 500 万元得 100 分，300 万元~500 万元得 80 分，300 万元以下得 60 分
经营信息	银行经营流水	正常得 100 分，存在异常得 0 分
经营信息	上下游合作企业商誉	上下游企业为优得 100 分，上下游企业为良得 80 分，上下游企业为一般得 60 分
经营信息	资质认证	获得国家、省、市高新技术企业认证者得 100 分，获得国家、省、市科技企业认证者得 80 分，其他得 60 分
经营信息	获得外部投资	获得外部投资得 100 分，未获得任何资金支持得 0 分
经营信息	社保缴纳	正常缴纳得 100 分，异常缴纳得 0 分
经营信息	纳税情况	A 级得 100 分，B 级得 80 分，M 级得 70 分，C 级得 60 分，D 级得 0 分
经营信息	水电气缴纳	正常缴纳得 100 分，异常缴纳得 0 分
经营信息	负债情况	没有债务得 100 分，存在对外担保或当前债务得 60 分

续表6-2

二级指标	三级指标	评分标准
负面信息	诉讼情况	未被纳入失信被执行人名单得100分；被纳入失信被执行人名单得-100分，并且最高信用级别为B级
	经营异常	没有经营异常得100分，出现经营异常得0分
	行政处罚	没有行政处罚得100分；警告得60分；罚款、没收违法所得，没收非法财物，并且金额低于100万元得0分；其他情形得-100分，并且最高信用级别为B级
	不良还贷记录	没有不良记录得100分，大于1次小于3次得80分，大于3次小于6次得60分，高于6次得0分
竞争能力	行业情况	所在行业属于《知识产权重点支持产业目录（2018年）》所列产业得100分，不属于《目录》所列产业得60分
	市场占有率	市场占有率高于10%得100分，高于5%低于10%得80分，低于5%得60分
	政策支持	获得2项及以上政策支持得100分，获得1项政策支持得80分，未获得任何政策支持得0分
	技术壁垒	拥有技术壁垒优势得100分，未拥有技术壁垒优势得60分

一、基本信息

企业的基本信息包括企业登记注册时报备的基础信息等，如企业的中英文名称、法定代表人、地址、电话等。基本信息中会提示企业基本信息的变更历史，如注册地址、注册资本、法定代表人以及股东等信息变更。如果企业频繁变更注册地址，便表明企业的驻地不稳定，这会影响企业的基本信用。本信用评估体系中的企业基本信息主要包括历史沿革、管理层构成、股东变更、公司制度和注册资本5个三级指标。

1. 历史沿革

从企业的历史沿革中可以看出其过去的经营变化，比如公司经营业务范围是否有过变化等，如果有则应考察变动的原因。同时，公司经营历史的长短也是其经营水平的一个标志。如果公司有较长的经营历史，那么该公司就应该有比较丰富的经营经验，较高的经营管理水平，也会有较稳定的供货渠道和销售渠道。本信用评估体系采用公司经营时间的长短来界定其历史沿革，评分标准为：经营时间大于10年得100分，大于5年小于10年得80分，5年以下得

60 分。

2. 管理层构成

高级管理人员的构成直接影响企业的经营，进而影响企业的履约能力。管理层构成指标能够直接反映公司的高级管理人员情况，如是否有足够的行业从业经验和管理经验、是否有接受过良好教育的经历，以及信用记录、公共记录与媒体报道。本信用评估体系主要从管理层从业经历与教育背景两个方面对管理层构成指标进行界定及评分，其权重均为 50%。其中，①管理层从业经历具体界定及评分标准为：平均从业经历大于 10 年得 100 分，平均从业经历大于 5 年小于 10 年得 80 分，平均从业经历大于 3 年小于 5 年得 60 分，其他得 0 分；②管理层教育背景具体评分标准为：研究生及以上学历占比超过 80% 得 100 分，研究生及以上学历占比超过 60% 或者本科及以上学历占比超过 80% 得 80 分，本科及以上学历占比超过 60% 得 60 分，其余得 0 分。

3. 股东变更

股东变更频繁与否能够反映企业经营的稳定程度。股东频繁变更，或法人股东变更为自然人股东，可能影响企业的正常经营。本信用评估体系主要从股东变更次数来界定股东变更指标及评分标准为：近 3 年内股东变更次数小于 2 次得 100 分，大于 2 次小于 5 次得 60 分，大于 5 次得 0 分。

4. 公司制度

公司是否拥有健全的制度在一定程度上影响着企业的经营发展，如财务制度、营销制度和人力资源管理制度等。本信用评估体系主要从公司是否拥有健全的制度进行界定，其评分标准为：公司制度健全得 100 分，制度不健全得 60 分，无制度得 0 分。

5. 注册资本

注册资本可以反映出企业的经营规模和承担责任的能力。本信用评估体系主要以公司的注册资本来界定，其评分标准为：①有限责任公司：大于 100 万元得 100 分，50 万元~100 万元得 80 分，50 万元以下得 60 分；②股份有限公司：大于 500 万元得 100 分，300 万元以上 500 万元以下得 80 分，300 万元以下得 60 分。

二、经营信息

经营信息指标是科技型中小企业信用评估的重要指标。本信用评估体系中的经营信息指标主要包括银行经营流水、上下游合作企业商誉、资质认证、获得外部投资、社保缴纳、纳税情况、水电气缴纳与负债情况 8 个三级指标。

1. 银行经营流水

银行经营流水指标能够真实反映企业经营情况。本信用评估体系对银行经营流水异常情形的界定为：①经常提取备用金、差旅费、工资，经常向酒店或者咨询公司支付费用；②存在整数大额交易并且交易对方为个人；③交易对方企业名称中带有"投资""咨询"与"担保"等字眼；④长期不动账户突然有大额资金集中转入又分散转出，尤其是对个人的转出等。具体评分标准为：银行经营流水正常得 100 分，银行经营流水存在上述异常情形之一得 0 分。

2. 上下游合作企业商誉

上下游合作企业商誉指标能够反映被评估公司的上下游信息，包括企业采购及销售情况、供应商及客户情况，涵盖了被评估公司的付款方式、上下游企业的类型、数量、区域等信息。也可以与上下游企业进行沟通，从侧面了解被评估企业的付款情况、交货情况与产品质量等，进而获取企业在部分供应商中的信用情况。本信用评估体系主要对上下游企业进行分级来界定其商誉，具体分类为：世界 500 强企业为优，国有企业或中国 500 强企业等（世界 500 强除外）为良，其他企业为一般。具体评分标准为：上下游企业为优得 100 分，上下游企业为良得 80 分，上下游企业为一般得 60 分。

3. 资质认证

资质认证是指政府对符合相关规定条件的某些领域的企业进行认定。如果企业获得相关资质认证，在财务税收、人才激励、政府扶持和市场竞争力等方面可能占据优势。本信用评估体系中的资质认证指标主要从是否获得高新技术企业认证和是否获得科技企业认证两方面进行评估。具体评分标准为：获得国家、省、市高新技术企业认证者得 100 分，获得国家、省、市科技企业认证者得 80 分，其他得 60 分。

4. 获得外部投资

获得外部投资指标主要是评价企业是否获得风险投资基金与私募股权基金等机构的投资。这些投资机构由一群具有科技及财务相关知识与经验的专业人士组成，通过他们的尽职调查，对目标企业的了解比较全面深入，该企业往往具有较高成长潜力。本信用评估体系对获得外部投资指标的界定及评分标准为：企业获得外部投资得 100 分，未获得任何资金支持得 0 分。

5. 社保缴纳

社保缴纳指标能够反映企业的生产经营是否正常。例如，某企业有规律性的缴纳社保，并且缴纳人数变化不大，而不是经常增加或者减少员工缴纳人数和金额。本信用评估体系对社保缴纳指标的界定及评分标准为：正常缴纳得

100 分，异常缴纳得 0 分。

6. 纳税情况

企业纳税情况指标能够反映企业生产的经营情况。本信用评估体系参考了国家税务总局 2014 年 7 月 4 日发布的《国家税务局关于印发〈纳税信用管理办法（试行）〉的公告》（国家税务总局公告 2014 年第 40 号）与 2018 年 2 月 1 日布的《国家税务总局关于纳税信用评价有关事项的公告》（国家税务总局公告 2018 年第 8 号）的相关规定，以纳税信用评定的级别为基础进行评估。关于纳税情况指标的界定及评分标准为：A 级（年度评价指标得分 90 分以上）得 100 分，B 级（考评分 70 分以上不满 90 分）得 80 分，M 级（新企业年度内无经营收入且考评分 70 分以上）得 70 分，C 级（考评分 40 分以上不满 70 分）得 60 分，D 级（考评分 40 分以下的或直接判级确定）得 0 分。

7. 水电气缴纳

水电气缴纳指标能够反映企业是否正常经营。如果企业正常经营，则每月水电气的使用量会随着季节正常波动；如果出现异常情况，比如某月缴费减少或增多，则可能存在异常情况。本信用评估体系对水电气缴纳指标的界定及评分标准为：正常缴纳得 100 分，异常缴纳得 0 分。

8. 负债情况

负债情况指标能够详细反映企业的信贷业务信息与借贷历史。本信用评估体系负债情况指标主要包括当前债务与对外担保两个方面。当前债务主要包括与银行类金融机构、小贷公司之间形成的借贷债务，以及民间融资方式形成的债务。对外担保主要包括保证担保、抵押担保和质押担保等各类担保形式。具体界定及评分标准为：公司没有债务得 100 分，存在对外担保或当前债务得 60 分。以上信息通过中国人民银行企业信用查询报告获取。

三、负面信息

负面信息指标可直接反映企业可能存在的风险。该指标主要体现了行业协会、工商局、税务局、法院、检察院、银行等机构对企业的评价、惩罚等。本信用评估体系中的负面信息指标包括诉讼情况、经营异常、行政处罚与不良还贷记录 4 个三级指标。

1. 诉讼情况

本信用评估体系对诉讼情况的评价以最高人民法院的"全国法院失信被执行人名单信息公布"与查询平台公布的"失信被执行人名单"为准。对该指标具体的界定及评分标准为：未被纳入失信被执行人名单得 100 分；被纳入失信被执行人名单得-100分，并且最高信用级别为B级。

2. 经营异常

经营异常是指企业出现了《企业经营异常名录管理暂行办法》中规定的相关情形①，包括未按照规定期限公示企业年度报告信息，未依照《企业信息公示暂行条例》第十条规定的期限公示企业有关信息，公示企业信息隐瞒真实情况、弄虚作假，通过注册登记的住所或者经营场所无法联系4种情形。其中，第二条需要公示的企业信息内容包括股东或发起人认缴和实缴的出资额、出资时间、出资方式等信息，股东股权转让等股权变更信息，行政许可取得、变更、延续信息，知识产权出质登记信息，受到行政处罚的信息，其他依法应当公示的信息。本信用评估体系对该指标具体的界定及评分标准为：没有经营异常得100分，出现经营异常得0分。

3. 行政处罚

行政处罚是指行政主体依照法定职权和程序对违反行政法规，尚未构成犯罪的相对人给予行政制裁的具体行政行为。本信用评估体系特指是对公司的行政处罚。根据《中华人民共和国行政处罚法》第二章第八条行政处罚的种类：警告，罚款，没收违法所得，没收非法财物，责令停产停业，暂扣或者吊销许可证、暂扣或者吊销执照，行政拘留，法律、行政法规规定的其他行政处罚。本信用评估体系对该指标的具体界定及评分标准为：没有行政处罚得100分；警告得60分；罚款、没收违法所得，没收非法财物，并且金额低于100万元，得0分；其他情形得-100分，并且最高信用级别为B级。

4. 不良还贷记录

不良还贷记录的评价标准以中国人民银行企业信用查询报告为主。根据企业信用查询报告，本信用评估体系中的不良还贷记录主要是指当前负债中的不良债务（银行内部五级分类中的"次级""可疑""损失"三类债务）、已还清债务中的不良/违约类信息（贷款、类贷款、贸易融资、保理、票据贴现、银行承兑汇票、信用证与保函）、对外担保（保证担保、抵押担保、质押担保）不良信息。具体界定及评分标准为：没有不良还贷记录得100分，大于1次小于3次得80分，大于3次小于6次得60分，高于6次得0分。以上信息可以通过中国人民银行企业信用查询报告获取。

---

① 2014年8月19日国家工商行政管理总局第68号令公布的《企业经营异常名录管理暂行办法》。

四、竞争能力

企业竞争能力是指在竞争性市场中，一个企业所具有的、能够比其他企业更有效地向市场提供产品和服务并获得赢利和声望的综合性能力。本信用评估体系中的竞争能力指标包括行业情况、市场占有率、政策支持和技术壁垒 4 个三级指标。

1. 行业情况

关于科技型中小企业行业情况指标的评价，参考《知识产权重点支持产业目录（2018 年本）》（以下简称《目录》）。"《目录》中的产业主要是根据《国家创新驱动发展战略纲要》《国家信息化发展战略纲要》《'十三五'国家科技创新发展规划》《中国制造 2025》《'十三五'国家战略性新兴产业发展规划》《'十三五'旅游业发展规划》《'健康中国 2030'规划纲要》等党中央、国务院文件明确的重点发展方向确定。"本信用评估体系具体的界定及评分标准为：所在行业属于《目录》中所列产业得 100 分，不属于《目录》所列产业得 60 分。

2. 市场占有率

市场占有率是指科技型中小企业在特定时期、特定区域内某种产品的销售额占同类产品销售额的比重。本信用评估体系对该指标的具体界定及评分标准为：市场占有率高于 10％得 100 分，高于 5％低于 10％得 80 分，低于 5％得 60 分。

3. 政策支持

政府出台政策是为了扶持企业更好的发展。在政策的引导下企业可以更直接、准确地了解政府的导向，也在很大程度上了解了市场，从而生产出更加符合市场需求的产品。本指标主要从以下 5 个方面进行评价，包括部门招商，税费减免，融资扶持，优化环境与用工引智等方面的国家、省、市等政府部门的政策支持。本信用评估体系对该指标的具体的界定及评分标准为：获得 2 项及以上政策支持得 100 分，获得 1 项政策支持得 80 分，未获得任何政策支持得 0 分。

4. 技术壁垒

技术壁垒是指该科技型中小企业拥有独特的工艺或者技术，其他企业无法模仿和获取，并且无法进入或者难以进入该行业。技术壁垒一般是指法律法规、技术标准、技术认证与专利等。通常情况下，拥有这些技术优势的企业可以阻碍其他企业进入该行业。本信用评估体系对该指标具体的界定及评分标准为：拥有技术壁垒优势得 100 分，未拥有技术壁垒优势得 60 分。

第三节 财务能力指标的界定及评分标准

企业财务能力是影响企业信用的重要因素。通过对企业资产负债表、利润表和现金流量表的分析，可以对企业的偿债能力、营运能力、盈利能力和成长能力等方面进行深入的了解。通过评价公司过去的经营成果和财务状况，可以预测未来发展趋势，并预知将来的信用偿债能力。本信用评估体系中的科技型中小企业财务能力指标主要包括偿债能力、营运能力、盈利能力与成长能力 4 个二级指标，详见表 6-3。

表 6-3 企业财务能力的评价指标及其评分标准

二级指标	三级指标	评分标准
偿债能力	资产负债率	小于 50%得 100 分，50%～60%得 80 分，60%～80%得 60 分，大于 80%得 0 分
	现金流动负债比	大于 130%得 100 分，100%～130%得 80 分，80%～100%得 60 分，80%以下得 0 分
	流动比率	大于 150%得 100 分，100%～150%得 80 分，70%～100%得 60 分，70%以下得 0 分
	速动比率	大于 150%得 100 分，100%～150%得 80 分，70%～100%得 60 分；70%以下得 0 分
营运能力	总资产周转率	大于 0.7 得 100 分，0.5～0.7 得 80 分，0.3～0.5 得 60 分，0.3 以下得 0 分
	存货周转率	大于 5 得 100 分，3～5 得 80 分，1.5～3 得 60 分，1.5 以下得 0 分
	营业费用率	小于 20%得 100 分，20%～30%得 80 分，30%～40%得 60 分，大于 40%得 0 分
	应收账款周转率	大于 4%得 100 分，2%～4%得 80 分，1%～2%得 60 分，小于 1%得 0 分

续表6-3

二级指标	三级指标	评分标准
盈利能力	销售净利润率	大于30%得100分，20%～30%得80分，10%～20%得60分，10%以下得0分
	销售毛利率	大于40%得100分，30%～40%得80分，20%～30%得60分，20%以下得0分
	总资产利润率	大于10%得100分，8%～10%得80分，4%～8%得60分，4%以下得0分
	成本费用利润率	大于100%得100分，80%～100%得80分，40%～80%得60分，40%以下得0分
成长能力	总资产增长率	大于300%得100分，250%～300%得80分，200%～250%得60分，200%以下得0分
	主营利润增长率	大于50%得100分，30%～50%得80分，10%～30%得60分，10%以下得0分
	主营业务收入增长率	大于10%得100分，5%～10%得80分，小于5%得0分
	净利润增长率	大于70%得100分，50%～70%得80分，30%～50%得60分，小于30%得0分

一、偿债能力

偿债能力是指企业用其资产偿还长期债务与短期债务的能力。企业偿债能力是反映企业财务状况和经营能力的重要标志。企业有无支付现金的能力和偿还债务的能力，是企业能否健康生存和发展的关键。本信用评估体系主要采用资产负债率、现金流动负债比、流动比率和速动比率4个三级指标评价企业的偿债能力。

1. 资产负债率

资产负债率用以衡量企业利用债权人提供资金进行经营活动的能力，以及衡量债权人发放贷款安全程度的指标。通常情况，资产负债率用企业的负债总额与资产总额的比值来衡量。本信用评估体系对该指标具体的界定及评分标准为：资产负债率小于50%得100分，大于50%小于60%得80分，大于60%小于80%得60分，大于80%得0分。

2. 现金流动负债比

现金流动负债比是企业一定时期的经营现金净流量同流动负债的比率，从现金流量角度来反映企业当期偿付短期负债的能力。现金流动负债比可用经营活动现金净流量与年末流动负债的比值来评价。本信用评估系统对该指标具体的界定及评分标准为：现金流动负债比大于130%得100分，大于100%小于130%得80分，大于80%小于100%得60分，80%以下得0分。

3. 流动比率

流动比率反映企业的偿还短期债务能力。流动资产越多，短期债务越少，则流动比率越大，企业的短期偿债能力越强。流动比用流动资产与流动负债的比值来评价。本信用评估系统对该指标具体的界定及评分标准为：流动比率大于150%得100分，大于100%小于150%得80分，大于70%小于100%得60分，70%以下得0分。

4. 速动比率

速动比率是衡量公司资产流动性的指标之一，反映公司现金或可立刻变现资产对流动负债的偿还能力。速动比率是从流动资产中扣除存货部分，用流动资产减去存货后与流动负债的比值来评价。本信用评估系统对该指标具体的界定及评分标准为：速动比率大于150%得100分，大于100%小于150%得80分，大于70%小于100%得60分，70%以下得0分。

二、营运能力

营运能力是指企业的经营运行能力，即企业运用各项资产以赚取利润的能力。本信用评估体系主要采用总资产周转率、存货周转率、营业费用率与应收账款周转率4个三级指标来评价科技企业的营运能力。

1. 总资产周转率

总资产周转率是企业一定时期的销售收入净额与平均资产总额之比，用来衡量资产投资规模与销售水平之间配比情况的指标，用销售收入与总资产的比值来评价。本信用评估系统对该指标具体的界定及评分标准为：总资产周转率大于0.7得100分，大于0.5小于0.7得80分，大于0.3小于0.5得60分，0.3以下得0分。

2. 存货周转率

存货周转率是衡量企业销售能力及存货管理水平的综合性指标，用销售成本与平均存货的比值来衡量。本信用评估系统对该指标具体的界定及评分标准为：存货周转率大于5得100分，大于3小于5得80分，大于1.5小于3得60分，1.5以下得0分。

3. 营业费用率

营业费用率是指从事营业活动的各项费用占营业收入的比重。该项指标越低，说明经营过程中的费用支出越少，获利水平越高。本信用评估体系对该指标具体的界定及评分标准为：营业费用率小于20%得100分，大于20%小于30%得80分，大于30%小于40%得60分，大于40%得0分。

4. 应收账款周转率

应收账款周转率是企业在一定时期内赊销净收入与平均应收账款余额之比，是用来衡量企业应收账款周转速度及管理效率的指标，用赊销收入净额与应收账款平均余额的比值来评价。本信用评估体系对该指标具体的界定及评分标准为：应收账款周转率大于4%得100分，大于2%小于4%得80分，大于1%小于2%得60分，小于1%得0分。

三、盈利能力

盈利能力是指企业获取利润的能力，通常表现为一定时期内企业收益数额的多少及其水平的高低。本信用评估体系主要采用销售净利润率、销售毛利率、总资产利润率与成本费用利润率4个三级指标来评价科技企业的盈利能力。

1. 销售净利润率

销售净利润率是指净利润与销售收入净额的比率，反映企业每百元销售收入净额可实现的净利润。销售净利润率越高，说明企业的获利能力越强。本信用评估系统对该指标具体的界定及评分标准为：销售净利率大于30%得100分，大于20%小于30%得80分，大于10%小于20%得60分，10%以下得0分。

2. 销售毛利率

销售毛利率是毛利与销售净额的比值，通常情况下主要考察企业主营业务的销售毛利率。其计算公式为销售净收入减去产品成本后与销售净收入的比值。本信用评估体系对该指标具体的界定及评分标准为：销售毛利率大于40%得100分，大于30%小于40%得80分，大于20%小于30%得60分，20%以下得0分。

3. 总资产利润率

总资产利润率用来反映企业利用资金进行盈利活动的基本能力，用利润总额与资产平均总额的比值来衡量。本信用评估体系对该指标具体的界定及评分标准为：总资产利润率大于10%得100分，大于8%小于10%得80分，大于

4%小于8%得60分，4%以下得0分。

4. 成本费用利润率

成本费用利润率是企业一定期间的利润总额与成本、费用总额的比率，用利润总额与成本费用总额的比值来衡量。本信用评估体系对该指标具体的界定及评分标准为：成本费用利润率大于100%得100分，大于80%小于100%得80分，大于40%小于80%得60分，40%以下得0分。

四、成长能力

成长能力是指企业未来的发展趋势与发展速度，包括企业规模的扩大，利润和所有者权益的增加。企业的成长能力随着市场环境的变化而变化，企业资产规模、盈利能力、市场占有率持续增长的能力，反映了企业未来的发展前景。本信用评估体系主要采用总资产增长率、主营利润增长率、主营业务增长率和净利润增长率4个三级指标评价科技企业的成长能力。

1. 总资产增长率

总资产增长率是分析企业当年资本积累能力和发展能力的主要指标，用企业年末总资产的增长额与年初资产总额的比值来衡量。本信用评估体系对该指标具体的界定及评分标准为：总资产增长率大于300%得100分，大于250%小于300%得80分，大于200%小于250%得60分，200%以下得0分。

2. 主营利润增长率

主营利润增长率是用来评价企业主营利润增长速度的指标，采用本期主营业务利润减去上期主营业务利润之差再除以上期主营业务利润的比值来评价。本信用评估体系对该指标具体的界定及评分标准为：主营利润增长率大于50%得100分，大于30%小于50%得80分，大于10%小于30%得60分，10%以下得0分。

3. 主营业务收入增长率

主营业务收入增长率可以用来衡量企业的产品生命周期，判断企业发展所处的阶段。一般来说，如果主营业务收入增长率超过10%，说明企业的产品处于成长期，将继续保持较好的增长势头，尚未面临产品更新的风险，属于成长型企业。如果主营业务收入增长率在5%至10%之间，说明企业的产品已进入稳定期，不久将进入衰退期，需要着手开发新产品。如果主营业务收入增长率低于5%，说明企业的产品已进入衰退期，保持市场份额已经很困难，主营业务利润开始滑坡，如果没有已开发好的新产品，企业将步入衰退期。本信用评估体系对该指标具体的界定及评分标准为：主营业务收入增长率大于10%

得 100 分,大于 5%小于 10%得 80 分,小于 5%得 0 分。

4. 净利润增长率

净利润增长率反映的是企业当期净利润比上期净利润增长的幅度,其值越大代表企业盈利能力越强。本信用评估体系对该指标具体的界定及评分标准为:净利润增长率大于 70%得 100 分,大于 50%小于 70%得 80 分,大于 30%小于 50%得 60 分,小于 30%得 0 分。

第四节 创新能力指标的界定及评分标准

技术创新是科技企业发展的基础和决定性因素。科技企业的创新能力是指科技企业在某一科学技术领域具备发明创新的综合实力,包括科研人员的专业知识水平、知识结构、研发经验、研发经历、科研设备、经济实力和创新精神等多种因素的综合体。本信用评估体系中的创新能力主要包括创新投入、知识产权、创新团队和创新评价 4 个二级指标,详见表 6-4。

表 6-4 企业创新能力的评价指标及其评分标准

二级指标	三级指标	评分标准
创新投入	研发经费投入占比	大于 6%得 100 分,3%~6%得 80 分,3%以下得 60 分,比值为 0 得 0 分
	科技人员占比	比值大于 30%得 100 分,20%~30%得 80 分,10%~20%得 60 分,10%以下得 0 分
	新产品开发能力	大于 60%得 100 分,40%~60%得 80 分,40%以下得 60 分
知识产权	知识产权创造	1 项及以上Ⅰ类知识产权得 100 分,4 项及以上Ⅱ类知识产权得 80 分,4 项以下Ⅱ类知识产权得 60 分
	知识产权运营	比值大于 50%得 100 分,30%~50%得 80 分,30%以下得 60 分
	知识产权管理与保护	达到 3 项及以上得 100 分,达到 2 项得 80 分,1 项或没有得 60 分

续表6-4

二级指标	三级指标	评分标准
创新团队	团队成员的学历	研究生学历人员占比大于50%，或者本科学历人员占比大于90%得100分，研究生学历人员占比大于40%或者本科学历人员占比大于80%得80分，研究生学历人员占比大于20%得60分，其余得0分
	团队成员的从业经验	平均从业经验大于5年得100分，3～5年得80分，3年以下得60分
	团队成员的影响力	创新团队中有1名及以上成员为国内外顶尖人才、国家级领军人才、地方级领军人才、人大代表或政协委员、高级职称或高级管理人员等得100分，核心成员有2名及以上具有博士学位或副高级专业技术职称或掌握业内公认的领先技术得80分，核心成员有1名及以上具有博士学位或副高级专业技术职称或掌握业内公认的领先技术得60分，其他得0分
创新评价	国家级奖励	获得国家最高科学技术奖、国家自然科学奖特等奖在信用评分基础上加30分，获得自然科学一等奖、国家技术发明奖一等奖、国家科学技术进步奖一等奖加20分，其他国家级奖励加15分
	省部级奖励	获得省部级奖励，在信用评分基础上加10分
	市厅级奖励	获得市厅级奖励，在信用评分基础上加5分

一、创新投入

创新投入能够反映出企业对科技创新能力的重视程度及其未来的发展潜力。本信用评估体系主要采用研发经费投入占比、科技人员占比和新产品开发能力3个三级指标来评价科技企业的创新投入。

1. 研发经费投入占比

企业研发经费指企业在产品、技术、材料、工艺、标准的研究、开发过程中发生的各项费用[1]，其占比用企业研发费用与销售收入的比值表示。本信用评估体系对该指标具体的界定及评分标准为：研发经费投入占比大于6%得100分，3%～6%得80分，3%以下得60分，其他得0分。

2. 科技人员占比

企业科技人员是指企业直接从事研发和相关技术创新活动以及专门从事上

---

[1] 企业研发费具体规定见《财政部关于企业加强研发费用财务管理的若干意见》（财企〔2007〕194号）。

述活动管理和提供直接服务的人员,包括在职、兼职和临时聘用人员,其中兼职、临时聘用人员全年须在企业累计工作 6 个月以上。本信用评估体系采用科技人员占公司全部职员数量的比值来评价。本信用评估体系对该指标具体的界定及评分标准为:科技人员占比大于 30% 得 100 分,大于 20% 小于 30% 得 80 分,大于 10% 小于 20% 得 60 分,10% 以下得 0 分。

3. 新产品开发能力

新产品开发能力是指根据市场需要和企业的生产技术条件,应用科学技术的新成果,研究试制新产品,以扩大和完善产品品种的一系列工作,是衡量企业科技创新能力的重要指标之一。本信用评估体系新产品开发能力采用新产品销售收入占总销售收入的比值来评价。本信用评估体系对该指标具体的界定及评分标准为:比值大于 60% 得 100 分,40%~60% 得 80 分,40% 以下得 60 分。

二、知识产权

知识产权是评价企业科技创新能力的重要指标。它是企业的重要资产,代表了企业产品和服务的竞争力。本信用评估体系主要采用知识产权创造、知识产权运营和知识产权管理与保护 3 个三级指标来评价科技企业的知识产权。

1. 知识产权创造

知识产权创造是指企业拥有的与主要产品(或服务)相关的知识产权的数量与质量。本信用评估体系主要通过知识产权数量进行评价[①],具体界定及评分标准为:1 项及以上 I 类知识产权得 100 分,4 项及以上 II 类知识产权得 80 分,4 项以下 II 类知识产权得 60 分。

2. 知识产权运营

知识产权运营是指企业通过知识产权运营带来的收益,主要通过专利产品收入、知识产权许可与转让收益、知识产权融资额和知识产权作价作为注册资本来综合评价。本信用评估体系用知识产权的收益总额与销售收入的比值来评价,具体界定及评分标准为:知识产权运营的比值大于 50% 得 100 分,大于 30% 小于 50% 得 80 分,30% 以下得 60 分。

---

① 知识产权采用分类评价,其中发明专利、植物新品种、国家级农作物品种、国家新药、国家一级中药保护品种、集成电路布图设计专有权按 I 类评价,实用新型专利、外观设计专利、软件著作权按 II 类评价。

3. 知识产权管理与保护

知识产权管理与保护主要从制定企业知识产权战略和实施情况、建立企业职务发明人权益保护和奖励机制、设立知识产权管理机构或管理岗位和建立知识产权预警机制及应对方案 4 个方面进行评价。本信用评估体系对该指标具体的界定及评分标准为：知识产权管理与保护达到 3 项及以上得 100 分，达到 2 项得 80 分，1 项或没有得 60 分。

三、创新团队

本信用评估体系主要采用团队成员的学历、团队成员的从业经验及团队成员的影响力 3 个三级指标评价科技企业的创新团队。

1. 团队成员的学历

本信用评估体系中团队成员的学历采用研发人员中研究生学历人员或本科学历人员与研发人数的比值来评价。对其具体的界定及评分标准为：研究生学历人员占比大于 50％或者本科学历人员占比大于 90％得 100 分，研究生学历人员占比大于 40％或者本科学历人员占比大于 80％得 80 分，研究生学历人员占比大于 20％得 60 分，其余得 0 分。

2. 团队成员的从业经验

本信用评估体系中团队成员的从业经验采用研发人员平均从业年限来评价。对其具体的界定及评分标准为：平均从业经验大于 5 年得 100 分，大于 3 年小于 5 年得 80 分，3 年以下得 60 分。

3. 团队成员的影响力

本信用评估体系中的团队成员的影响力通过团队核心成员进行评价，如核心成员是否为国内外顶尖人才、国家级领军人才、地方级领军人才、人大代表或政协委员、高级职称等。对于具体的界定及评分标准为：创新团队中有 1 名及以上成员为国内外顶尖人才、国家级领军人才、地方级领军人才、人大代表或政协委员、高级职称或高级管理人员等得 100 分，核心成员有 2 名及以上具有博士学位或副高级专业技术职称或掌握业内公认的领先技术得 80 分，核心成员有 1 名及以上具有博士学位或副高级专业技术职务或掌握业内公认的领先技术得 60 分，其他得 0 分。

四、创新评价

本信用评估体系主要采用国家级奖励、省部级奖励与市厅级奖励 3 个三级指标来衡量科技企业的创新评价。创新评价指标为加分项指标，直接在信用评分基础上加分。

1. 国家级奖励

国家级奖励包括国家最高科学技术奖、国家自然科学奖、国家技术发明奖、国家科学技术进步奖和中华人民共和国国际科学技术合作奖，共计 5 个奖项。本信用评估体系对该指标具体的界定及评分标准为：获得国家最高科学技术奖、国家自然科学奖特等奖在信用评分的基础上加 30 分，获得自然科学一等奖和国家技术发明奖一等奖、国家科学技术进步奖一等奖加 20 分，其他国家级奖励加 15 分。

2. 省部级奖励

省部级奖励包括中华人民共和国各省、自治区、直辖市党委或人民政府直接授予的奖励，科技部、教育部、文化部、公安部等国家部委和中国人民解放军直接授予的与科学技术相关的奖励，以及面向全国评选的经常性科学技术奖（如中国汽车工业科学技术进步奖、中国科学院杰出科技成就奖、何梁何利基金科学与技术奖、光华工程科技奖、中华医学科技奖、冶金科学技术奖等）。本信用评估体系对该指标具体的界定及评分标准为：获得省部级奖励，在信用评分基础上加 10 分。

3. 市厅级奖励

市厅级奖励包括由各省、自治区、直辖市的厅级单位或者市级党委或人民政府直接授予的与科学技术相关的奖励。本信用评估体系对该指标具体的界定及评分标准为：获得市厅级奖励，在信用评分基础上加 5 分。

第七章　科技型中小企业信用评估体系指标权重的确定[①]

本章主要运用层次分析法对第五章构建的科技型中小企业信用评估体系中的指标权重进行确定。本信用评估体系由基础得分指标和加分指标构成。其中，基础得分指标由一级指标、二级指标和三级指标组成，加分指标主要由三级指标组成。

第一节　研究方法介绍

一、层次分析法的基本原理

层次分析法（Analytic Hierarchy Process，简称"AHP"）是将与决策有关的元素分解成目标、准则、方案等层次，在此基础之上进行定性和定量分析的决策方法。该方法是美国运筹学家、匹茨堡大学教授萨蒂于20世纪70年代初，应用网络系统理论和多目标综合评价方法，提出的一种层次权重决策分析方法。

层次分析法（AHP）在本质上是一种定性与定量分析相结合的决策思维方式。其基本思路为：

第一，把复杂问题分解成各个组成元素，按各个元素间的隶属关系，把各个元素由高到低排列成目标层、准则层、方案层等相互联系的有序层次，使之条理化，构成一个各元素之间相互联结的有序的递阶层次结构；

第二，根据层次结构，通过对一定客观现实的主观判断结构（主要是两两比较），把专家意见和分析者的客观判断结果直接而有效地结合起来，并就每一层次元素两两比较的重要性给予定量描述；

第三，运用数学方法计算反映每一层次元素的相对重要性次序的权值，在

[①] 感谢张伟科博士对本章研究提供的帮助。

通过检验判断的逻辑一致性和所有层次之间的总排序，确定各元素的相对权重并进行排序，通过排序结果对问题进行分析决策。

二、层次分析法的步骤

运用层次分析法建模来解决实际问题，可按如下 5 个步骤进行。

步骤 1：定义问题，确定目标、范围、准则与约束条件。

步骤 2：建立层次结构模型。层次结构模型从最高层（目标层），通过中间层（准则层）到最低层（方案层）构成一个层次结构模型。

步骤 3：构造判断矩阵。判断矩阵是层次分析法的核心之一。各层次中的各个准则在目标衡量中所占的比重并不一定相同，在决策者的心目中它们各自占有一定的比例。在各层次排序中，每一层次的因素相对上一层次的因素的单排序又可以简化成一系列成对因素的主观判断比较，并且将这种比较定量化，引用数字 1~9 及其倒数作为标度来定义判断矩阵 $A = (a_{ij})_{m \times n}$（见表 7-1）。

表 7-1 判断矩阵标度定义

标度	含义
1	表示两个因素相比，具有相同的重要性
3	表示两个因素相比，前者稍显重要
5	表示两个因素相比，前者明显重要
7	表示两个因素相比，前者更加重要
9	表示两个因素相比，前者极其重要
2，4，6，8	表示上述相邻判断的中间值
倒数	若因素 i 与因素 j 的重要性之比为 a_{ij}，那么因素 j 与因素 i 重要性之比为 $\dfrac{1}{a_{ij}}$

步骤 4：一致性检验。

①一致性检验指标 CI（consistency index）。

当判断矩阵具有完全一致性时，由矩阵理论知其最大特征值为 $\lambda_{\max} = n$。但是，实际中因各个专家水平不同，受其知识水平、判断水平等各种客观因素的影响，一般情况下，人们对复杂事物的重要性两两比较很难做出判断的一致性，给出的判断矩阵往往不具有完全一致性，此时最大特征根 $\lambda_{\max} \neq n$。因此，需要检验判断矩阵与完全一致性到底存在多大的差距。一致性检验所用的检验指标为 CI，用公式（7-1）表示：

$$CI = \frac{\lambda_{\max} - n}{n - 1} \tag{7-1}$$

其中，$\lambda_{\max}$ 为判断矩阵的最大特征根。

②查找一致性指标 RI（见表 7-2）。

表 7-2 平均随机一致性指标

n	1	2	3	4	5	6	7	8	9	10
RI	0	0	0.52	0.89	1.12	1.24	1.36	1.41	1.46	1.49

③计算一致性比例 CR（consistency ratio）。

$$CR = \frac{CI}{RI} \tag{7-2}$$

当 $CR<0.10$ 时，我们认为通过了一次性检验，否则应适当修正。

步骤 5：层次合成计算。通常情况下，层次分析法分别采用算术平均法、几何平均法、特征向量法和最小二乘法 4 种方法来计算权重，本书选用其中的几何平均法进行计算。

具体计算步骤如下：

①计算判断矩阵 $\boldsymbol{A}$ 中每行所有元素的几何平均数，可用公式（7-3）表示：

$$u_i = \sqrt[n]{\prod_{j=1}^{n} a_{ij}} \quad (i, j = 1, \cdots, n) \tag{7-3}$$

②将所得向量 $\boldsymbol{U} = (u_1, u_2, \cdots, u_n)$ 归一化即为权重向量，可用公式（7-4）计算：

$$w_i = \frac{u_i}{\sum_{i=1}^{n} u_i} \quad (i = 1, 2, \cdots, n) \tag{7-4}$$

根据以上公式所得的向量 $\boldsymbol{W} = (w_1, w_2, \cdots, w_n)$ 可以作为判断矩阵 $\boldsymbol{A}$ 的最大特征根 $\lambda_{\max}$ 对应的特征向量近似值，可用公式（7-5）表示：

$$\lambda_{\max} = \sum_{i=1}^{n} \frac{(\boldsymbol{AW})_i}{nw_i} \quad (i = 1, 2, \cdots, n) \tag{7-5}$$

其中，$(\boldsymbol{AW})_i$ 为向量 $\boldsymbol{AW}$ 的第 i 个元素。

第二节 指标权重的确定

本书构建的科技型中小企业信用评估体系由基础得分指标和加分指标构成，其中加分指标并没有被赋予具体的权重。因此，本章仅对基础得分指标的权重进行确定。本书将第五章构建的科技型中小企业信用评估体系分为目标层、准则层、子准则层与方案层4个层次。其中，准则层包含4个一级指标、子准则层包含16个二级指标，方案层包含66个三级指标。基于前述介绍的调研数据，本节将重点对指标权重进行定量分析。

一、一级指标权重确定

（一）构建判断矩阵

本信用评估体系的一级指标主要包括实际控制人能力（A1）、经营管理能力（A2）、财务能力（A3）与创新能力（A4）4个指标。

根据调查问卷数据，采用1~9比率标度法获得4个一级指标对科技型中小企业信用影响的重要程度分值σ。根据不同指标对调查问卷数据进行统计，可以获取同一指标在不同调查人数下的具体分值，然后利用数学期望值公式计算各个指标的具体分数，可用公式（7-6）计算：

$$E\sigma = \frac{\sum_{i=1}^{n} x_i}{N} \tag{7-6}$$

其中，$E\sigma$为各个指标重要程度的评分；x_i为每份调查问卷对各个指标的评分；N为有效调查问卷数量。

表7-3 一级指标对应的综合评分值

A	A1	A2	A3	A4
初创期综合评分	7.7414	6.4015	5.5759	7.5383
成长期综合评分	7.5654	7.4436	6.9158	7.3759
成熟期综合评分	6.9970	7.6602	7.5248	7.5519

根据表7-3所列出的4个一级指标综合评分值，构建判断矩阵$\boldsymbol{A}$，具体如下：

$$\boldsymbol{A}_{ccq} = \begin{bmatrix} 1.0000 & 1.2093 & 1.3883 & 1.0269 \\ 0.8269 & 1.0000 & 1.1481 & 0.8492 \\ 0.7203 & 0.8710 & 1.0000 & 0.7397 \\ 0.9738 & 1.1776 & 1.3519 & 1.0000 \end{bmatrix}$$

$$\boldsymbol{A}_{czq} = \begin{bmatrix} 1.0000 & 1.0164 & 1.0939 & 1.0257 \\ 0.9839 & 1.0000 & 1.0763 & 1.0092 \\ 0.9141 & 0.9291 & 1.0000 & 0.9376 \\ 0.9750 & 0.9909 & 1.0665 & 1.0000 \end{bmatrix}$$

$$A_{csq} = \begin{bmatrix} 1.0000 & 0.9134 & 0.9299 & 0.9265 \\ 1.0948 & 1.0000 & 1.0180 & 1.0143 \\ 1.0754 & 0.9823 & 1.0000 & 0.9964 \\ 1.0793 & 0.9859 & 1.0036 & 1.0000 \end{bmatrix}$$

（二）判断矩阵的一致性检验

首先，计算判断矩阵 A 中每行所有元素的几何平均值，其值用 u 表示，如公式（7-7）：

$$u_i = \sqrt[n]{\prod_{j=1}^{n} a_{ij}} \quad (i,j = 1,\cdots,n) \tag{7-7}$$

计算出初创期企业的值：$u_1=1.1459$，$u_2=0.9476$，$u_3=0.8254$，$u_4=1.1158$

其次，对所得向量 $U=(u_1, u_2, \cdots, u_n)$ 归一化即为权重向量，其计算结果为：

$$w_1 = \frac{1.1459}{1.1459 + 0.9476 + 0.8254 + 1.1158} = 0.2840$$

$$w_2 = \frac{0.9476}{1.1459 + 0.9476 + 0.8254 + 1.1158} = 0.2349$$

$$w_3 = \frac{0.8254}{1.1459 + 0.9476 + 0.8254 + 1.1158} = 0.2046$$

$$w_3 = \frac{1.1158}{1.1459 + 0.9476 + 0.8254 + 1.1158} = 0.2765$$

同理，可计算出成长期和成熟期的权重，如表7-4所示。

表7-4 一级指标对应的权重

A	A1	A2	A3	A4
初创期权重（%）	28.40	23.49	20.46	27.65
成长期权重（%）	25.82	25.40	23.60	25.18
成熟期权重（%）	23.53	25.76	25.31	25.40

最后，计算初创期企业判断矩阵 A 的最大特征根 $\lambda_{\max}$：

$$AW = \begin{bmatrix} 1.0000 & 1.2093 & 1.3883 & 1.0269 \\ 0.8269 & 1.0000 & 1.1481 & 0.8492 \\ 0.7203 & 0.8710 & 1.0000 & 0.7397 \\ 0.9738 & 1.1776 & 1.3519 & 1.0000 \end{bmatrix} \begin{bmatrix} 0.2840 \\ 0.2349 \\ 0.2046 \\ 0.2765 \end{bmatrix} = \begin{bmatrix} 1.1361 \\ 0.9394 \\ 0.8183 \\ 1.1063 \end{bmatrix}$$

$$\lambda_{\max} = \sum_{i=1}^{n} \frac{(AW)_i}{nw_i} = \frac{1}{4}\left(\frac{1.1361}{0.2840} + \frac{0.9394}{0.2349} + \frac{0.8183}{0.2046} + \frac{1.1063}{0.2765}\right)$$

$$= 4.0000$$

得出初创期一致性检验的计算结果为：$CI = \dfrac{\lambda_{\max} - n}{n-1} = \dfrac{4.0000 - 4}{3} = 0.0000$，$CR = \dfrac{CI}{RI} = \dfrac{0}{0.89} = 0 < 10\%$，可以判断矩阵 $\boldsymbol{A}$ 具有满意的一致性。

同理，可计算出成长期一致性检验：$CI = \dfrac{\lambda_{\max} - n}{n-1} = \dfrac{3.9898 - 4}{3} = -0.0001$，$CR = \dfrac{CI}{RI} = \dfrac{-0.0001}{0.89} = 0 < 10\%$，可以判断矩阵 $\boldsymbol{A}$ 具有满意的一致性。

成熟期一致性检验：$CI = \dfrac{\lambda_{\max} - n}{n-1} = \dfrac{4.0158 - 4}{3} = 0.0053$，$CR = \dfrac{CI}{RI} = \dfrac{0.0053}{0.89} = 0.006 < 10\%$，可以判断矩阵 $\boldsymbol{A}$ 具有满意的一致性。

二、实际控制人能力指标权重的确定

（一）实际控制人能力二级指标权重的确定

实际控制人能力（A1）指标包括基本信息（B1）、个人资产（B2）、个人信用（B3）与身份头衔（B4）4 个二级指标。其中，身份头衔为加分项，并没有设定具体的权重，本部分不予确定其权重。

根据调查问卷数据，采用 1~9 比率标度法获得这 3 个二级指标对科技企业信用影响的重要程度的分值 σ。根据不同指标对调查问卷数据进行统计，可以获取同一指标在不同调查人数下的具体分值，然后用公式（7-6）计算各个指标的具体分数。

表 7-5　实际控制人能力二级指标对应的综合评分

A1	B1	B2	B3
综合评分	7.2255	7.1106	7.5574

根据表 7-5 列出的实际控制人能力指标下的 4 个二级指标综合评分值，构建判断矩阵 $\boldsymbol{A1}$，具体如下：

$$\boldsymbol{A1} = \begin{bmatrix} 1.0000 & 1.0162 & 0.9561 \\ 0.9841 & 1.0000 & 0.9409 \\ 1.0459 & 1.0628 & 1.0000 \end{bmatrix}$$

为了验证矩阵 $\boldsymbol{A1}$ 的一致性，首先采用公式（7-7）来计算判断矩阵 $\boldsymbol{A1}$ 中每行所有元素的几何平均值，其结果为：

$$u_1=0.9904, u_2=0.9747, u_3=1.0359$$

其次，对所得向量 $U=(u_1, u_2, \cdots, u_n)$ 归一化即为权重向量，其计算结果为：

$$w_1=0.3300, w_2=0.3248, w_3=0.3452$$

表 7-6 实际控制人能力二级指标对应的权重

A1	B1	B2	B3
权重（%）	33.00	32.48	34.52

最后，计算判断矩阵 **A1** 的最大特征根 $\lambda_{\max}$。

$$A1W = \begin{bmatrix} 1.0000 & 1.0162 & 0.9561 \\ 0.9841 & 1.0000 & 0.9409 \\ 1.0459 & 1.0628 & 1.0000 \end{bmatrix} \begin{bmatrix} 0.3300 \\ 0.3298 \\ 0.3452 \end{bmatrix}$$

$$= \begin{bmatrix} 0.9901 \\ 0.9743 \\ 1.0356 \end{bmatrix}$$

计算得：$\lambda_{\max}=3$

一致性检验：$CI = \dfrac{\lambda_{\max}-n}{n-1} = \dfrac{3.0000-3}{2} = 0.0000, CR = \dfrac{CI}{RI} = \dfrac{0}{0.52} = 0 < 10\%$，因此判断矩阵 **A1** 具有满意的一致性。

（二）实际控制人能力三级指标权重的确定

实际控制人能力指标（A1）包括基本信息（B1）、个人资产（B2）、个人信用（B3）与身份头衔（B4）4个二级指标。其中，基本信息包括学历（C1）、从业经历（C2）、婚姻状况（C3）、子女状况（C4）；个人资产包括房产车辆（C5）、货币资金（C6）、金融资产（C7）、对外投资（C8）；个人信用包括负债情况（C9）、违法（章）记录（C10）、诉讼情况（C11）、个人担保（C12）。

根据调查问卷数据，采用1~9比率标度法获得以上指标对科技型中小企业信用影响的重要程度的分值 σ。根据不同指标对调查问卷数据进行统计，可以获取同一指标在不同调查人数下的具体分值，然后利用公式（7-6）计算各个指标的具体分数。

表 7-7　实际控制人能力三级指标对应的综合评分值

基本信息 B1	C1	C2	C3	C4
综合评分	6.1579	7.2000	5.9008	5.6977
个人资产 B2	C5	C6	C7	C8
综合评分	6.5368	6.3338	6.5910	6.8346
个人信用 B3	C9	C10	C11	C12
综合评分	7.9038	6.7398	7.7684	7.3489

根据表 7-7 列出了实际控制人能力下的 12 个三级指标的综合评分值，根据二级指标分类分别构建判断矩阵 **B1**、**B2**、**B3**，具体如下：

$$\boldsymbol{B1} = \begin{bmatrix} 1.0000 & 0.8553 & 1.0436 & 1.0808 \\ 1.1692 & 1.0000 & 1.2202 & 1.2637 \\ 0.9582 & 0.8195 & 1.0000 & 1.0356 \\ 0.9253 & 0.7914 & 0.7914 & 1.0000 \end{bmatrix}$$

$$\boldsymbol{B2} = \begin{bmatrix} 1.0000 & 1.0321 & 0.9918 & 0.9564 \\ 0.9689 & 1.0000 & 0.9610 & 0.9267 \\ 1.0083 & 1.0406 & 1.0000 & 0.9644 \\ 1.0455 & 1.0791 & 1.0370 & 1.0000 \end{bmatrix}$$

$$\boldsymbol{B3} = \begin{bmatrix} 1.0000 & 1.1727 & 1.0174 & 1.0755 \\ 0.8527 & 1.0000 & 0.8676 & 0.9171 \\ 0.9829 & 1.1526 & 1.0000 & 1.0571 \\ 0.9298 & 1.0904 & 0.9460 & 1.0000 \end{bmatrix}$$

为了验证矩阵 **B1**、**B2**、**B3** 的一致性，首先采用公式（7-6）计算判断矩阵 **B1**、**B2**、**B3** 中每行所有元素的几何平均值。**B1** 的结果为：$u_{B11}=0.9910$，$u_{B12}=1.1587$，$u_{B13}=0.9497$，$u_{B14}=0.9170$；**B2** 的结果为：$u_{B21}=0.9947$，$u_{B22}=0.9638$，$u_{B23}=1.0029$，$u_{B24}=1.0400$；**B3** 的结果为：$u_{B31}=1.0643$，$u_{B32}=0.9076$，$u_{B33}=1.0461$，$u_{B34}=0.9896$。

其次，对所得向量 $\boldsymbol{U}=(u_1, u_2, \cdots, u_n)$ 归一化即为权重向量。基本信息（B1）下的三级指标对应的权重分别为：$w_{B11}=0.2467$，$w_{B12}=0.2885$，$w_{B13}=0.2364$，$w_{B14}=0.2284$；个人资产（B2）下的三级指标对应的权重分别为：$w_{B21}=0.2486$，$w_{B22}=0.2409$，$w_{B23}=0.2506$，$w_{B14}=0.2599$；个人信用（B3）下的三级指标对应的权重分别为：$w_{B31}=0.2656$，$w_{B32}=0.2265$，$w_{B33}=0.2610$，$w_{B34}=0.2469$。具体如表 7-8 所示。

表 7-8 实际控制人能力三级指标对应的权重

B1	C1	C2	C3	C4
权重（%）	24.67	28.85	23.64	22.84
B2	C5	C6	C7	C8
权重（%）	24.86	24.09	25.06	25.99
B3	C9	C10	C11	C12
权重（%）	26.56	22.65	26.10	24.69

最后，计算判断矩阵 $B1$、$B2$、$B3$ 的最大特征根 λ_{max}。

$$B1W = \begin{bmatrix} 1.0000 & 0.8553 & 1.0436 & 1.0808 \\ 1.1692 & 1.0000 & 1.2202 & 1.2637 \\ 0.9582 & 0.8195 & 1.0000 & 1.0356 \\ 0.9253 & 0.7914 & 0.7914 & 1.0000 \end{bmatrix} \begin{bmatrix} 0.2467 \\ 0.2885 \\ 0.2364 \\ 0.2283 \end{bmatrix} = \begin{bmatrix} 0.9870 \\ 1.1540 \\ 0.9458 \\ 0.9132 \end{bmatrix}$$

$$B2W = \begin{bmatrix} 1.0000 & 1.0321 & 0.9918 & 0.9564 \\ 0.9689 & 1.0000 & 0.9610 & 0.9267 \\ 1.0083 & 1.0406 & 1.0000 & 0.9644 \\ 1.0455 & 1.0791 & 1.0370 & 1.0000 \end{bmatrix} \begin{bmatrix} 0.2486 \\ 0.2409 \\ 0.2506 \\ 0.2599 \end{bmatrix} = \begin{bmatrix} 0.9943 \\ 0.9635 \\ 1.0026 \\ 1.0396 \end{bmatrix}$$

$$B3W = \begin{bmatrix} 1.0000 & 1.1727 & 1.0174 & 1.0755 \\ 0.8527 & 1.0000 & 0.8676 & 0.9171 \\ 0.9829 & 1.1526 & 1.0000 & 1.0571 \\ 0.9298 & 1.0904 & 0.9460 & 1.0000 \end{bmatrix} \begin{bmatrix} 0.2656 \\ 0.2265 \\ 0.2610 \\ 0.2469 \end{bmatrix} = \begin{bmatrix} 1.0623 \\ 0.9059 \\ 1.0441 \\ 0.9877 \end{bmatrix}$$

计算得：$\lambda_{max1} = 4.0000$，$\lambda_{max2} = 4.0005$，$\lambda_{max3} = 4.0002$

一致性检验结果为：$CR_1 = \dfrac{CI_1}{RI} = \dfrac{0}{0.89} = 0 < 10\%$，$CR_2 = \dfrac{CI_2}{RI} = \dfrac{0.0002}{0.89} = 0 < 10\%$，$CR_3 = \dfrac{CI_3}{RI} = \dfrac{0.0001}{0.89} = 0 < 10\%$，可以判断出矩阵 $B1$、$B2$、$B3$ 具有满意的一致性。

三、经营管理能力指标权重的确定

（一）经营管理能力二级指标权重的确定

经营管理能力指标（A2）包括基本信息（B5）、经营信息（B6）、负面信息（B7）、竞争能力（B8）4 个二级指标。

根据调查问卷数据，利用公式（7-6）计算了各个指标的具体分数，如

表 7-9 所示。

表 7-9　经营管理能力二级指标对应的综合评分值

A2	B5	B6	B7	B8
综合评分	7.2466	7.3096	7.3552	6.7655

根据表 7-9 所列出的经营管理能力指标下的 4 个二级指标综合评分值，构建判断矩阵 $A2$，具体如下：

$$A2 = \begin{bmatrix} 1.0000 & 0.9914 & 0.9852 & 1.0711 \\ 1.0087 & 1.0000 & 0.9938 & 1.0804 \\ 1.0150 & 1.0062 & 1.0000 & 1.0872 \\ 0.9336 & 0.9256 & 0.9198 & 1.0000 \end{bmatrix}$$

为了验证矩阵 $A2$ 的一致性，首先采用公式（7-7）计算判断矩阵 $A2$ 中每行所有元素的几何平均值为：$u_1 = 1.0114$，$u_2 = 1.0201$，$u_3 = 1.0265$，$u_4 = 0.9442$。

其次，对所得向量 $U = (u_1, u_2, \cdots, u_n)$ 归一化即为权重向量，其计算结果为：

$$w_1 = 0.2527, w_2 = 0.2549, w_3 = 0.2565, w_4 = 0.2359$$

表 7-10　经营管理能力二级指标对应的权重

A2	B5	B6	B7	B8
权重（%）	25.27	25.49	25.65	23.59

最后，计算判断矩阵 $A2$ 的最大特征根 λ_{max}。

$$A2W = \begin{bmatrix} 1.0000 & 0.9914 & 0.9852 & 1.0711 \\ 1.0087 & 1.0000 & 0.9938 & 1.0804 \\ 1.0150 & 1.0062 & 1.0000 & 1.0872 \\ 0.9336 & 0.9256 & 0.9198 & 1.0000 \end{bmatrix} \begin{bmatrix} 0.2527 \\ 0.2549 \\ 0.2565 \\ 0.2359 \end{bmatrix} = \begin{bmatrix} 1.0108 \\ 1.0196 \\ 1.0259 \\ 0.9437 \end{bmatrix}$$

计算得：$\lambda_{max} = 4.0000$

一致性检验结果为：$CI = \dfrac{\lambda_{max} - n}{n - 1} = \dfrac{4.0000 - 4}{3} = 0.0000$，$CR = \dfrac{CI}{RI} = \dfrac{0}{0.89} = 0 < 10\%$，可以判断出矩阵 $A2$ 具有满意的一致性。

（二）经营管理能力三级指标权重的确定

经营管理能力指标（A2）包括基本信息（B5）、经营信息（B6）、负面信息（B7）与竞争能力（B8）4个二级指标。其中，基本信息（B5）包括历史沿革（C18）、管理层构成（C19）、股东变更（C20）、公司制度（C21）与注册资本（C22）；经营信息（B6）包括银行经营流水（C23）、上下游合作企业商誉（C24）、资质认证（C25）、获得外部投资（C26）、社保缴纳（C27）、纳税情况（C28）、水电气缴纳（C29）与负债情况（C30）；负面信息（B7）包括诉讼情况（C31）、经营异常（C32）、行政处罚（C33）与不良还贷记录（C34）；竞争能力（B8）包括行业情况（C35）、市场占有率（C36）、政策支持（C37）与技术壁垒（C38）。

根据调查问卷数据，采用1~9比率标度法获得以上指标对科技型中小企业信用影响的重要程度的分值σ。根据不同指标对调查问卷数据进行统计，可以获取同一指标在不同调查人数下的具体分值，然后利用公式（7－6）计算各个指标的具体分数。

表7－11 经营管理能力三级指标对应的综合评分值

基本信息 B5	C18	C19	C20	C21	C22			
综合评分	6.2558	7.7116	5.7116	4.3423	5.8884			
经营信息 B6	C23	C24	C25	C26	C27	C28	C29	C30
综合评分	7.2419	7.0744	6.6558	6.9209	6.3242	6.3423	6.4335	6.5480
负面信息 B7	C31	C32	C33	C34				
综合评分	7.7581	7.2977	7.1163	8.0079				
竞争能力 B8	C35	C36	C37	C38				
综合评分	7.2558	6.9349	6.7535	7.1581				

根据表7－11列出了经营管理能力指标下的21个三级指标的综合评分值，根据二级指标分类分别构建判断矩阵 **B5**、**B6**、**B7**、**B8**，具体如下：

$$\boldsymbol{B5} = \begin{bmatrix} 1.0000 & 0.8112 & 1.0953 & 1.4407 & 1.0624 \\ 1.2327 & 1.0000 & 1.3502 & 1.7759 & 1.3096 \\ 0.9130 & 0.7407 & 1.0000 & 1.3153 & 0.9700 \\ 0.6941 & 0.5631 & 0.7603 & 1.0000 & 0.7374 \\ 0.9413 & 0.7636 & 1.0309 & 1.3560 & 1.0000 \end{bmatrix}$$

第七章 科技型中小企业信用评估体系指标权重的确定

$$B6 = \begin{bmatrix} 1.0000 & 1.0237 & 1.0881 & 1.0464 & 1.1451 & 1.1418 & 1.1256 & 1.1060 \\ 0.9769 & 1.0000 & 1.0629 & 1.0222 & 1.1186 & 1.1154 & 1.0996 & 1.0804 \\ 0.9191 & 0.9408 & 1.0000 & 0.9617 & 1.0524 & 1.0494 & 1.0346 & 1.0165 \\ 0.9557 & 0.9783 & 1.0398 & 1.0000 & 1.0944 & 1.0912 & 1.0758 & 1.0569 \\ 0.8733 & 0.8940 & 0.9502 & 0.9138 & 1.0000 & 0.9971 & 0.9830 & 0.9658 \\ 0.8758 & 0.8965 & 0.9529 & 0.9164 & 1.0029 & 1.0000 & 0.9858 & 0.9586 \\ 0.8884 & 0.9094 & 0.9666 & 0.9296 & 1.0173 & 1.0144 & 1.0000 & 0.9825 \\ 0.9042 & 0.9838 & 0.9838 & 0.9461 & 1.0354 & 1.0324 & 1.0178 & 1.0000 \end{bmatrix}$$

$$B7 = \begin{bmatrix} 1.0000 & 1.0631 & 1.0902 & 0.9688 \\ 0.9406 & 1.0000 & 1.0255 & 0.9113 \\ 0.9173 & 0.9751 & 1.0000 & 0.8887 \\ 1.0322 & 1.0973 & 1.1253 & 1.0000 \end{bmatrix}$$

$$B8 = \begin{bmatrix} 1.0000 & 1.0463 & 1.0744 & 1.0136 \\ 0.9558 & 1.0000 & 1.0269 & 0.9688 \\ 0.9308 & 0.9738 & 1.0000 & 0.9435 \\ 0.9865 & 1.0322 & 1.0599 & 1.0000 \end{bmatrix}$$

为了验证矩阵 $B5$、$B6$、$B7$、$B8$ 的一致性，首先采用公式（7-7）计算判断矩阵 $B5$、$B6$、$B7$、$B8$ 中每行所有元素的几何平均值。$B5$ 的结果为：$u_{B51}=1.0634$，$u_{B52}=1.3109$，$u_{B53}=0.9709$，$u_{B54}=0.7381$，$u_{B55}=1.0010$；$B6$ 的结果为：$u_{B61}=1.0833$，$u_{B62}=1.0583$，$u_{B63}=0.9957$，$u_{B64}=1.0353$，$u_{B65}=0.9461$，$u_{B66}=0.9488$，$u_{B67}=0.9424$，$u_{B68}=0.9795$；$B7$ 的结果为：$u_{B71}=1.0294$，$u_{B72}=0.9683$，$u_{B73}=0.9442$，$u_{B74}=1.0625$；$B8$ 的结果为：$u_{B81}=1.0332$，$u_{B82}=0.9875$，$u_{B83}=0.9616$，$u_{B84}=1.0193$。

其次，对所得向量 $U=(u_1, u_2, \cdots, u_n)$ 归一化即为权重向量。基本信息（B5）的三级指标对应的权重分别为：$w_{B51}=0.2092$，$w_{B52}=0.2578$，$w_{B53}=0.1910$，$w_{B54}=0.1452$，$w_{B55}=0.1969$；经营信息（B6）的三级指标对应的权重分别为：$w_{B61}=0.1353$，$w_{B62}=0.1321$，$w_{B63}=0.1243$，$w_{B64}=0.1293$，$w_{B65}=0.1181$，$w_{B66}=0.1185$，$w_{B67}=0.1202$，$w_{B68}=0.1223$；负面信息（B7）的三级指标对应的权重分别为：$w_{B71}=0.2571$，$w_{B72}=0.2418$，$w_{B73}=0.2358$，$w_{B74}=0.2653$；竞争能力（B8）的三级指标对应的权重分别为：$w_{B81}=0.2582$，$w_{B82}=0.2468$，$w_{B83}=0.2403$，$w_{B84}=0.2547$。具体如表7-12所示。

表7-12 经营管理能力三级指标对应的权重

B5	C18	C19	C20	C21	C22			
权重（%）	20.92	25.78	19.10	14.52	19.69			
B6	C23	C24	C25	C26	C27	C28	C29	C30
权重（%）	13.53	13.21	12.43	12.93	11.81	11.85	12.02	12.23
B7	C31	C32	C33	C34				
权重（%）	25.71	24.18	23.58	26.53				
B8	C35	C36	C37	C38				
权重（%）	25.82	24.68	24.03	25.47				

最后，计算判断矩阵 $B5$、$B6$、$B7$、$B8$ 的最大特征根 λ_{max}。

$$B5W = \begin{bmatrix} 1.0000 & 0.8112 & 1.0953 & 1.4407 & 1.0624 \\ 1.2327 & 1.0000 & 1.3502 & 1.7759 & 1.3096 \\ 0.9130 & 0.7407 & 1.0000 & 1.3153 & 0.9700 \\ 0.6941 & 0.5631 & 0.7603 & 1.0000 & 0.7374 \\ 0.9413 & 0.7636 & 1.0309 & 1.3560 & 1.0000 \end{bmatrix} \begin{bmatrix} 0.2092 \\ 0.2578 \\ 0.1910 \\ 0.1452 \\ 0.1969 \end{bmatrix} = \begin{bmatrix} 1.0458 \\ 1.2891 \\ 0.9548 \\ 0.7259 \\ 0.9844 \end{bmatrix}$$

$$B6W = \begin{bmatrix} 1.0000 & 1.0237 & 1.0881 & 1.0464 & 1.1451 & 1.1418 & 1.1256 & 1.1060 \\ 0.9769 & 1.0000 & 1.0629 & 1.0222 & 1.1186 & 1.1154 & 1.0996 & 1.0804 \\ 0.9191 & 0.9408 & 1.0000 & 0.9617 & 1.0524 & 1.0494 & 1.0346 & 1.0165 \\ 0.9557 & 0.9783 & 1.0398 & 1.0000 & 1.0944 & 1.0912 & 1.0758 & 1.0569 \\ 0.8733 & 0.8940 & 0.9502 & 0.9138 & 1.0000 & 0.9971 & 0.9830 & 0.9658 \\ 0.8758 & 0.8965 & 0.9529 & 0.9164 & 1.0029 & 1.0000 & 0.9858 & 0.9686 \\ 0.8884 & 0.9094 & 0.9666 & 0.9296 & 1.0173 & 1.0144 & 1.0000 & 0.9825 \\ 0.9042 & 0.9256 & 0.9838 & 0.9461 & 1.0354 & 1.0324 & 1.0178 & 1.0000 \end{bmatrix} \begin{bmatrix} 0.1353 \\ 0.1321 \\ 0.1243 \\ 0.1293 \\ 0.1181 \\ 0.1185 \\ 0.1202 \\ 0.1223 \end{bmatrix}$$

$$= \begin{bmatrix} 1.0821 \\ 1.0570 \\ 0.9945 \\ 1.0341 \\ 0.9449 \\ 0.9477 \\ 0.9613 \\ 0.9784 \end{bmatrix}$$

$$B7W = \begin{bmatrix} 1.0000 & 1.0631 & 1.0902 & 0.9688 \\ 0.9406 & 1.0000 & 1.0255 & 0.9113 \\ 0.9173 & 0.9751 & 1.0000 & 0.8887 \\ 1.0322 & 1.0973 & 1.1253 & 1.0000 \end{bmatrix} \begin{bmatrix} 0.2571 \\ 0.2418 \\ 0.2358 \\ 0.2653 \end{bmatrix} = \begin{bmatrix} 1.0283 \\ 0.9672 \\ 0.9432 \\ 1.0613 \end{bmatrix}$$

$$B8W = \begin{bmatrix} 1.0000 & 1.0463 & 1.0744 & 1.0136 \\ 0.9558 & 1.0000 & 1.0269 & 0.9688 \\ 0.9308 & 0.9738 & 1.0000 & 0.9435 \\ 0.9865 & 1.0322 & 1.0599 & 1.0000 \end{bmatrix} \begin{bmatrix} 0.2582 \\ 0.2468 \\ 0.2403 \\ 0.2547 \end{bmatrix} = \begin{bmatrix} 1.0328 \\ 0.9871 \\ 0.9613 \\ 1.0189 \end{bmatrix}$$

计算得：$\lambda_{\max 5}=5.0000$，$\lambda_{\max 6}=8.0000$，$\lambda_{\max 7}=4.0000$，$\lambda_{\max 8}=4.0000$

一致性检验结果为：$CR_5 = \dfrac{CI_5}{RI} = \dfrac{0}{1.12} = 0 < 10\%$，$CR_6 = \dfrac{CI_6}{RI} = \dfrac{0}{1.41} = 0 < 10\%$，$CR_7 = \dfrac{CI_7}{RI} = \dfrac{0.0000}{0.89} = 0 < 10\%$，$CR_8 = \dfrac{CI_8}{RI} = \dfrac{0.0000}{0.89} = 0 < 10\%$，可以判断出矩阵 $B5$、$B6$、$B7$、$B8$ 具有满意的一致性。

四、财务能力指标权重的确定

（一）财务能力二级指标权重的确定

财务能力指标（A3）包括偿债能力（B9）、营运能力（B10）、盈利能力（B11）与成长能力（B12）4个二级指标。

根据调查问卷数据，利用公式（7-6）计算了各个指标的具体分数，如表7-13所示。

表7-13 财务能力二级指标对应的综合评分值

A3	B9	B10	B11	B12
综合评分	7.3565	6.9809	6.6835	6.6522

根据表7-13所列出的财务能力下的4个二级指标综合评分值，构建判断矩阵 $A3$，具体如下：

$$A3 = \begin{bmatrix} 1.0000 & 1.0538 & 1.1007 & 1.1059 \\ 0.9489 & 1.0000 & 1.0445 & 1.0494 \\ 0.9085 & 0.9574 & 1.0000 & 1.0047 \\ 0.9043 & 0.9529 & 0.9953 & 1.0000 \end{bmatrix}$$

为了验证判断矩阵 $A3$ 的一致性，首先采用公式（7-7）计算判断矩阵 $A3$ 中每行所有元素的几何平均值，其结果为：$u_{A31}=1.0642$，$u_{A32}=1.0099$，u_{A33}

$=0.9669$，$u_{A34}=0.9623$。

其次，对所得向量 $U=(u_1, u_2, \cdots, u_n)$ 归一化即为权重向量，其计算结果为：

$w_{A31}=0.2658$，$w_{A32}=0.2523$，$w_{A33}=0.2415$，$w_{A34}=0.2404$

表7-14　财务能力二级指标对应的权重

A3	B9	B10	B11	B12
权重（%）	26.58	25.23	24.15	24.04

最后，计算判断矩阵 $A3$ 的最大特征根 $\lambda_{\max}$。

$$A3W = \begin{bmatrix} 1.0000 & 1.0538 & 1.1007 & 1.1059 \\ 0.9489 & 1.0000 & 1.0445 & 1.0494 \\ 0.9085 & 0.9574 & 1.0000 & 1.0047 \\ 0.9043 & 0.9529 & 0.9953 & 1.0000 \end{bmatrix} \begin{bmatrix} 0.2658 \\ 0.2523 \\ 0.2415 \\ 0.2404 \end{bmatrix} = \begin{bmatrix} 1.0633 \\ 1.0090 \\ 0.9661 \\ 0.9615 \end{bmatrix}$$

计算得：$\lambda_{\max}=4.0000$

一致性检验结果为：$CI = \dfrac{\lambda_{\max}-n}{n-1} = \dfrac{4.0000-4}{3} = 0.0000$，$CR = \dfrac{CI}{RI} = \dfrac{0}{0.89} = 0 < 10\%$，可以判断出矩阵 $A3$ 具有满意的一致性。

（二）财务能力三级指标权重的确定

财务能力指标（A3）包括偿债能力（B9）、营运能力（B10）、盈利能力（B11）与成长能力（B12）4个二级指标。其中偿债能力（B9）包括资产负债率（C39）、现金流动负债比（C40）、流动比（C41）与速动比（C42）；营运能力（B10）包括总资产周转率（C43）、存货周转率（C44）、营业费用率（C45）与应收账款周转率（C46）；盈利能力（B11）包括销售净利润率（C47）、销售毛利率（C48）、总资产利润率（C49）与成本费用利润率（C50）；成长能力（B12）包括总资产增长率（C51）、主营利润增长率（C52）、主营业务增长率（C53）与净利润增长率（C54）。

根据调查问卷数据，采用1~9比率标度法获得以上指标对科技型中小企业信用影响的重要程度的分值 σ。根据不同指标对调查问卷数据进行统计，可以获取同一指标在不同调查人数下的具体分值，然后利用公式（7-6）计算各个指标的具体分数，如表7-15所示。

表 7-15 财务能力三级指标对应的综合评分值

偿债能力 B9	C39	C40	C41	C42
综合评分	7.7029	7.4382	7.8023	7.6034
营运能力 B10	C43	C44	C45	C46
综合评分	7.0412	5.8930	6.0342	7.4912
盈利能力 B11	C47	C48	C49	C50
综合评分	7.6103	7.1032	7.0212	7.3191
成长能力 B12	C51	C52	C53	C54
综合评分	7.6893	7.0144	7.2265	7.1471

根据表 7-15 列出了财务能力指标下的 16 个三级指标的综合评分值，根据二级指标分类分别构建判断矩阵 $B9$、$B10$、$B11$、$B12$，具体如下：

$$B9 = \begin{bmatrix} 1.0000 & 1.0356 & 0.9873 & 1.0131 \\ 0.9656 & 1.0000 & 0.9533 & 0.9783 \\ 1.0129 & 1.0489 & 1.0000 & 1.0262 \\ 0.9871 & 1.0222 & 0.9745 & 1.0000 \end{bmatrix}$$

$$B10 = \begin{bmatrix} 1.0000 & 1.1948 & 1.1669 & 0.9399 \\ 0.8369 & 1.0000 & 0.9766 & 0.7867 \\ 0.8570 & 1.0240 & 1.0000 & 0.8055 \\ 1.0639 & 1.2712 & 1.2415 & 1.0000 \end{bmatrix}$$

$$B11 = \begin{bmatrix} 1.0000 & 1.0714 & 1.0839 & 1.0398 \\ 0.9334 & 1.0000 & 1.0117 & 0.9705 \\ 0.9226 & 0.9885 & 1.0000 & 0.9593 \\ 0.9617 & 1.0304 & 1.0424 & 1.0000 \end{bmatrix}$$

$$B12 = \begin{bmatrix} 1.0000 & 1.0962 & 1.0640 & 1.0759 \\ 0.9122 & 1.0000 & 0.9707 & 0.9814 \\ 0.9398 & 1.0302 & 1.0000 & 1.0111 \\ 0.9295 & 1.0189 & 0.9890 & 1.0000 \end{bmatrix}$$

为了验证判断矩阵 $B9$、$B10$、$B11$、$B12$ 的一致性，首先采用公式（7-7）计算判断矩阵 $B9$、$B10$、$B11$、$B12$ 中每行所有元素的几何平均值。判断矩阵 $B9$ 的结果为：$u_{B91}=1.0088$，$u_{B92}=0.9742$，$u_{B93}=1.0218$，$u_{B94}=0.9958$；判断矩阵 $B10$ 的结果为：$u_{B101}=1.0699$，$u_{B102}=0.8955$，$u_{B103}=0.9169$，$u_{B104}=$

1.1383；判断矩阵 **B11** 的结果为：$u_{B111}=1.0483$，$u_{B112}=0.9784$，$u_{B113}=0.9671$，$u_{B114}=1.0082$；**B12** 的结果为 $u_{B121}=1.0584$，$u_{B122}=0.9655$，$u_{B123}=0.9947$，$u_{B84}=0.9838$。

其次，对所得向量 $U=(u_1,u_2,\cdots,u_n)$ 归一化即为权重向量。偿债能力（B9）的三级指标对应的权重分别为：$w_{B91}=0.2522$，$w_{B92}=0.2435$，$w_{B93}=0.2554$，$w_{B94}=0.2489$；营运能力（B10）下的三级指标对应的权重分别为：$w_{B101}=0.2661$，$w_{B102}=0.2227$，$w_{B103}=0.2281$，$w_{B104}=0.2831$；盈利能力（B11）下的三级指标对应的权重分别为：$w_{B111}=0.2619$，$w_{B112}=0.2445$，$w_{B113}=0.2417$，$w_{B114}=0.2519$；成长能力（B12）下的三级指标对应的权重分别为：$w_{B121}=0.2644$，$w_{B122}=0.2412$，$w_{B123}=0.2485$，$w_{B124}=0.2458$。具体如表7-16所示。

表7-16 财务能力三级指标对应的权重

B9	C39	C40	C41	C42
权重（%）	25.22	24.35	25.54	24.89
B10	C43	C44	C45	C46
权重（%）	26.61	22.27	22.81	28.31
B11	C47	C48	C49	C50
权重（%）	26.19	24.45	24.17	25.19
B12	C51	C52	C53	C54
权重（%）	26.44	24.12	24.85	24.58

最后，计算判断矩阵 **B9**、**B10**、**B11**、**B12** 的最大特征根 $\lambda_{\max}$。

$$B9W = \begin{bmatrix} 1.0000 & 1.0356 & 0.9873 & 1.0131 \\ 0.9656 & 1.0000 & 0.9533 & 0.9783 \\ 1.0129 & 1.0489 & 1.0000 & 1.0262 \\ 0.9871 & 1.0222 & 0.9745 & 1.0000 \end{bmatrix} \begin{bmatrix} 0.2522 \\ 0.2435 \\ 0.2554 \\ 0.2489 \end{bmatrix} = \begin{bmatrix} 1.0087 \\ 0.9740 \\ 1.0217 \\ 0.9956 \end{bmatrix}$$

$$B10W = \begin{bmatrix} 1.0000 & 1.1948 & 1.1669 & 0.9399 \\ 0.8369 & 1.0000 & 0.9766 & 0.7867 \\ 0.8570 & 1.0240 & 1.0000 & 0.8055 \\ 1.0639 & 1.2712 & 1.2415 & 1.0000 \end{bmatrix} \begin{bmatrix} 0.2661 \\ 0.2227 \\ 0.2281 \\ 0.2831 \end{bmatrix} = \begin{bmatrix} 1.0644 \\ 0.8909 \\ 0.9122 \\ 1.1325 \end{bmatrix}$$

$$B11W = \begin{bmatrix} 1.0000 & 1.0714 & 1.0839 & 1.0398 \\ 0.9334 & 1.0000 & 1.0117 & 0.9705 \\ 0.9226 & 0.9885 & 1.0000 & 0.9593 \\ 0.9617 & 1.0304 & 1.0424 & 1.0000 \end{bmatrix} \begin{bmatrix} 0.2619 \\ 0.2445 \\ 0.2417 \\ 0.2519 \end{bmatrix} = \begin{bmatrix} 1.0478 \\ 0.9779 \\ 0.9666 \\ 1.0077 \end{bmatrix}$$

$$B12W = \begin{bmatrix} 1.0000 & 1.0962 & 1.0640 & 1.0759 \\ 0.9122 & 1.0000 & 0.9707 & 0.9814 \\ 0.9398 & 1.0302 & 1.0000 & 1.0111 \\ 0.9295 & 1.0189 & 0.9890 & 1.0000 \end{bmatrix} \begin{bmatrix} 0.2644 \\ 0.2412 \\ 0.2485 \\ 0.2458 \end{bmatrix} = \begin{bmatrix} 1.0578 \\ 0.9649 \\ 0.9941 \\ 0.9832 \end{bmatrix}$$

计算得：$\lambda_{\max 9} = 4.0000$，$\lambda_{\max 10} = 4.0000$，$\lambda_{\max 11} = 4.0010$，$\lambda_{\max 12} = 4.0000$

一致性检验结果为 $CR_9 = \dfrac{CI_9}{RI} = \dfrac{0}{0.89} = 0 < 10\%$，$CR_{10} = \dfrac{CI_{10}}{RI} = \dfrac{0}{0.89} = 0 < 10\%$，$CR_{11} = \dfrac{CI_{11}}{RI} = \dfrac{0.0003}{0.89} = 0 < 10\%$，$CR_{12} = \dfrac{CI_{12}}{RI} = \dfrac{0.0003}{0.89} = 0 < 10\%$，可以判断出矩阵 **B9**、**B10**、**B11**、**B12** 具有满意的一致性。

五、创新能力指标权重的确定

（一）创新能力二级指标权重的确定

创新能力指标（A4）包括创新投入（B13）、知识产权（B14）、创新团队（B15）、创新评价（B16）4 个二级指标。其中，创新评价为加分指标，根据指标得分直接加分即可，本部分不需要进行权重设定。

根据调查问卷数据，利用公式（7-6）计算各个指标的具体分数，如表 7-17 所示。

表 7-17　创新能力二级指标对应的综合评价值

A4	B13	B14	B15
综合评分	7.3853	6.9353	7.1735

根据表 7-17 所列出的创新能力指标下的 3 个二级指标综合评分值，构建判断矩阵 **A4**，具体如下：

$$A4 = \begin{bmatrix} 1.0000 & 1.0649 & 1.0295 \\ 0.9391 & 1.0000 & 0.9668 \\ 0.9713 & 1.0344 & 1.0000 \end{bmatrix}$$

为了验证判断矩阵 **A4** 的一致性，首先采用式（7-7）计算判断矩阵 **A4** 中每行所有元素的几何平均值，其结果为：$u_{A41} = 1.0311$，$u_{A42} = 0.9683$，$u_{A43} = 1.0016$。

其次，对所得向量 $U = (u_1, u_2, \cdots, u_n)$ 归一化即为权重向量，其计算结果为：

$$w_{A41} = 0.3436,\ w_{A42} = 0.3227,\ w_{A43} = 0.3337$$

表 7-18 创新能力二级指标对应的权重

A4	B13	B14	B15
权重（%）	34.36	32.27	33.37

最后，计算判断矩阵 **A4** 的最大特征根 λ_{max}。

$$\boldsymbol{A4W} = \begin{bmatrix} 1.0000 & 1.0649 & 1.0295 \\ 0.9391 & 1.0000 & 0.9668 \\ 0.9713 & 1.0344 & 1.0000 \end{bmatrix} \begin{bmatrix} 0.3436 \\ 0.3227 \\ 0.3337 \end{bmatrix}$$

$$= \begin{bmatrix} 1.0308 \\ 0.9680 \\ 1.0012 \end{bmatrix}$$

计算得：$\lambda_{max} = 3.0000$

一致性检验结果为：$CI = \dfrac{\lambda_{max} - n}{n-1} = \dfrac{3.0000 - 3}{2} = 0.0000$，$CR = \dfrac{CI}{RI} = \dfrac{0}{0.52} = 0 < 10\%$，可以判断出矩阵 **A4** 具有满意的一致性。

（二）创新能力三级指标权重的确定

创新能力指标（A4）包括创新投入（B13）、知识产权（B14）、创新团队（B15）与创新评价（B16）4 个二级指标。其中，创新投入（B13）包括研发经费投入主营占比（C55）、研发人员占比（C56）与新产品开发能力（C57）；知识产权（B14）包括知识产权创造（C58）、知识产权运营（C59）与知识产权管理与保护（C60）；创新团队（B15）包括团队成员的学历（C61）、团队成员的从业经验（C62）与成员影响力（C63）；创新评价（B16）包括国家级奖励（C64）、省部级奖励（C65）与市厅级奖励（C66），但是创新评价指标设定为加分指标，没有赋予具体的权重，本部分不予讨论。

根据调查问卷数据，采用 1~9 比率标度法获得以上指标对科技企业信用影响的重要程度的分值 σ。根据不同指标对调查问卷数据进行统计，可以获取同一指标在不同调查人数下的具体分值，然后利用公式（7-6）计算各个指标的具体分数。如表 7-19 所示。

表 7-19　创新能力指标三级指标对应的综合评分值

基本信息 B13	C55	C56	C57
综合评分	7.0511	6.7940	7.0636
经营信息 B14	C58	C59	C60
综合评分	7.2000	7.0917	6.7534
负面信息 B15	C61	C62	C63
综合评分	6.4556	7.0917	6.4015

根据表 7-19 列出了创新能力指标下的 9 个三级指标的综合评分值，根据二级指标分类分别构建判断矩阵 $B13$、$B14$、$B15$，具体如下：

$$B13 = \begin{bmatrix} 1.0000 & 1.0378 & 0.9982 \\ 0.9635 & 1.0000 & 0.9618 \\ 1.0018 & 1.0397 & 1.0000 \end{bmatrix}$$

$$B14 = \begin{bmatrix} 1.0000 & 1.0153 & 1.0661 \\ 0.9850 & 1.0000 & 1.0501 \\ 0.9380 & 0.9523 & 1.0000 \end{bmatrix}$$

$$B15 = \begin{bmatrix} 1.0000 & 0.9103 & 1.0085 \\ 1.0985 & 1.0000 & 1.1078 \\ 0.9916 & 0.9027 & 1.0000 \end{bmatrix}$$

为了验证判断矩阵 $B13$、$B14$、$B15$ 的一致性，首先采用公式（7-7）计算判断矩阵 $B13$、$B14$、$B15$ 中每行所有元素的几何平均值。判断矩阵 $B13$ 的结果为：$u_{B131}=1.0119$，$u_{B132}=0.9750$，$u_{B133}=1.0137$；判断矩阵 $B14$ 的结果为：$u_{B141}=1.0267$，$u_{B142}=1.0113$，$u_{B143}=0.9631$；判断矩阵 $B15$ 的结果为：$u_{B151}=0.9719$，$u_{B152}=1.0676$，$u_{B153}=0.9637$。

其次，对所得向量 $U=(u_1, u_2, \cdots, u_n)$ 归一化即为权重向量。创新投入（B13）下的三级指标对应的权重分别为：$w_{B131}=0.3372$，$w_{B132}=0.3249$，$w_{B133}=0.3379$；知识产权（B14）下的三级指标对应的权重分别为：$w_{B141}=0.3421$，$w_{B142}=0.3370$，$w_{B143}=0.3209$；创新团队（B15）下的三级指标对应的权重分别为：$w_{B151}=0.3236$，$w_{B152}=0.3555$，$w_{B153}=0.3209$。具体如表 7-20 所示。

表7-20 创新能力三级指标对应的权重

B13	C55	C56	C57
权重（%）	33.72	32.49	33.79
B14	C58	C59	C60
权重（%）	34.21	33.70	32.09
B15	C61	C62	C63
权重（%）	32.36	35.55	32.09

最后，计算判断矩阵 $B13$、$B14$、$B15$ 的最大特征根 λ_{max}。

$$B13W = \begin{bmatrix} 1.0000 & 1.0378 & 0.9982 \\ 0.9635 & 1.0000 & 0.9618 \\ 1.0018 & 1.0397 & 1.0000 \end{bmatrix} \begin{bmatrix} 0.3372 \\ 0.3249 \\ 0.3378 \end{bmatrix} = \begin{bmatrix} 1.0117 \\ 0.9748 \\ 1.0135 \end{bmatrix}$$

$$B14W = \begin{bmatrix} 1.0000 & 1.0153 & 1.0661 \\ 0.9850 & 1.0000 & 1.0501 \\ 0.9380 & 0.9523 & 1.0000 \end{bmatrix} \begin{bmatrix} 0.3421 \\ 0.3370 \\ 0.3209 \end{bmatrix} = \begin{bmatrix} 1.0264 \\ 1.0109 \\ 0.9627 \end{bmatrix}$$

$$B15W = \begin{bmatrix} 1.0000 & 0.9103 & 1.0085 \\ 1.0985 & 1.0000 & 1.1078 \\ 0.9916 & 0.9027 & 1.0000 \end{bmatrix} \begin{bmatrix} 0.3236 \\ 0.3555 \\ 0.3209 \end{bmatrix} = \begin{bmatrix} 0.9708 \\ 1.0665 \\ 0.9627 \end{bmatrix}$$

计算得：$\lambda_{max13} = 3.0000$，$\lambda_{max14} = 3.0000$，$\lambda_{max15} = 3.0000$

一致性检验结果为：$CR_{13} = \frac{CI_{13}}{RI} = 0 < 10\%$，$CR_{14} = \frac{CI_{14}}{RI} = 0 < 10\%$，$CR_{15} = \frac{CI_{15}}{RI} = 0 < 10\%$，可以判断出矩阵 $B13$、$B14$、$B15$ 具有满意的一致性。

第三节 信用评估体系总体框架与信用等级的划分

一、总体框架

通过前文指标体系与权重的设定，本书的科技型中小企业信用评估体系总体框架如表7-21所示。

表 7-21 科技型中小企业信用评估体系

类别	一级指标（%）	二级指标（%）	三级指标	权重（%）/加分值
基础项	实际控制人能力 A1 初创期（28.40） 成长期（25.82） 成熟期（23.53）	基本信息 B1（33.00）	学历 C1	24.67
			从业经历 C2	28.85
			婚姻状况 C3	23.64
			子女状况 C4	22.84
		个人资产 B2（32.48）	房产车辆 C5	24.86
			货币资金 C6	24.09
			金融资产 C7	25.06
			对外投资 C8	25.99
		个人信用 B3（34.52）	负债情况 C9	26.56
			违法（章）记录 C10	22.65
			诉讼情况 C11	26.10
			个人担保 C12	24.69
	经营管理能力 A2 初创期（23.49） 成长期（25.40） 成熟期（25.76）	基本信息 B5（25.27）	历史沿革 C18	20.92
			管理层构成 C19	25.78
			股东变更 C20	19.10
			公司制度 C21	14.52
			注册资本 C22	19.69
		经营信息 B6（25.49）	银行经营流水 C23	13.53
			上下游合作企业商誉 C24	13.21
			资质认证 C25	12.43
			获得外部投资 C26	12.93
			社保缴纳 C27	11.81
			纳税情况 C28	11.85
			水电气缴纳 C29	12.02
			负债情况 C30	12.23

续表 7-21

类别	一级指标（%）	二级指标（%）	三级指标	权重（%）/加分值
基础项	经营管理能力 A2 初创期（23.49）成长期（25.40）成熟期（25.76）	负面信息 B7 (25.65)	诉讼情况 C31	25.71
			经营异常 C32	24.18
			行政处罚 C33	23.58
			不良还贷记录 C34	26.53
		竞争能力 B8 (23.59)	行业情况 C35	25.82
			市场占有率 C36	24.68
			政策支持 C37	24.03
			技术壁垒 C38	25.47
	财务能力 A3 初创期（20.46）成长期（23.60）成熟期（25.31）	偿债能力 B9 (26.58)	资产负债率 C39	25.22
			现金流动负债比 C40	24.35
			流动比 C41	25.54
			速动比 C42	24.89
		营运能力 B10 (25.23)	总资产周转率 C43	26.61
			存货周转率 C44	22.27
			营业费用率 C45	22.81
			应收账款周转率 C46	28.31
		盈利能力 B11 (24.15)	销售净利润率 C47	26.19
			销售毛利率 C48	24.45
			总资产利润率 C49	24.17
			成本费用利润率 C50	25.19
		成长能力 B12 (24.04)	总资产增长率 C51	26.44
			主营利润增长率 C52	24.12
			主营业务收入增长率 C53	24.85
			净利润增长率 C54	24.58

续表 7—21

类别	一级指标 （%）	二级指标 （%）	三级指标	权重（%） /加分值
基础项	创新能力 A4 初创期（27.65） 成长期（25.18） 成熟期（25.40）	创新投入 B13 （34.36）	研发经费投入占比 C55	33.72
			科技人员占比 C56	32.49
			新产品开发能力 C57	33.79
		知识产权 B14 （32.27）	知识产权创造 C58	34.21
			知识产权运营 C59	33.70
			知识产权管理与保护 C60	32.09
		创新团队 B15 （33.37）	团队成员的学历 C61	32.36
			团队成员的从业经验 C62	35.55
			团队成员的影响力 C63	32.09
加分项	实际控制人能力 A1	身份头衔 B4	国内外顶尖人才 C13	30
			国家级领军人才 C14	20
			地方级领军人才 C15	10
			人大代表或政协委员 C16	15/10/8/3
			职称 C17	5/3/1
	创新评价 B4	创新能力 A4	国家级奖励 C64	30/20/15
			省部级奖励 C65	10
			市厅级奖励 C66	5

二、信用等级划分

根据科技型中小企业特征与信用评估体系架构，本书将科技企业信用评估等级标准划分为三级九等，从高到低分别为 AAA、AA、A、BBB、BB、B、CCC、CC、C，如表 7—22 所示。

表 7—22 科技企业信用评估等级划分标准

信用等级	评价得分	信用度
AAA	90 分以上	特优
AA	85～90 分	优良

续表7-22

信用等级	评价得分	信用度
A	80~85分	较好
BBB	75~80分	一般
BB	70~75分	欠佳
B	60~70分	较差
CCC	50~60分	很差
CC	40~50分	极差
C	40分以下	没信用

备注：A、AA、AAA分别表示企业信用良好、创新能力较强、经营状况和财务状况良好，资产负债结构合理，经营现金流量充足，还款能力正常，授信风险较小；B、BB、BBB表示企业信用较好，创新能力一般，现金周转和资产负债状况可为偿还债务提供保证，授信有风险，需落实有效的担保规避授信风险；C、CC、CCC表示企业信用较差，创新能力很差，整体经营状况和财务状况不佳，授信风险较大，应采取措施改善债务人的偿债能力和偿还意愿，以确保银行债券安全。

第八章　科技型中小企业信用评估体系的验证与应用建议

第一节　科技型中小企业信用评估体系的验证

为了检验本书构建的科技型中小企业信用评估体系的可行性和科学性，本书采用问卷形式随机收集了某市 10 家科技型中小企业数据，并且随机选择了 3 家企业进行信用等级评价，分别用 A、B、C 来表示这 3 家企业。企业信息收集的方式主要通过对目标公司的实际控制人、管理人员、员工、主要客户和合作金融机构进行调研，并通过官方网站核实了相关信息。通过以上方式的信息收集，初步形成了与科技型中小企业信用评估体系相符合的数据资料，然后根据本书所构建的信用评估体系对这 3 家科技型中小企业进行信用评价。

一、企业基本信息

A 公司成立于 2015 年 1 月，注册资本金为 229.32 万元，注册地为某市的 A 区。该公司主要为企业级用户提供云环境及传统环境下的数据迁移、备份、恢复及容灾演练等整体解决方案。该公司属于初创型企业，员工人数 12 人，其中博士学历 1 人，硕士学历 4 人，本科学历 7 人。实际控制人为某高校知名计算机专家，该公司拥有实用新型专利等知识产权 11 项。2017 年向某金融机构申请贷款 80 万元，获得批准。

B 公司成立于 2015 年 8 月，注册资本金为 781.25 万元，注册地为某市的 B 区。该公司主要从事网络技术开发、技术服务，生物技术研发，物联网技术开发，开发、销售计算机软硬件并提供技术服务，计算机信息系统集成，研发、销售工业自动化控制设备、机械设备、仪器仪表等业务。该公司为初创型企业，由某高校知名专家学者创立，拥有实用新型专利等知识产权 11 项。2017 年向某金融机构申请贷款 100 万元，获得批准。

C 公司成立于 2002 年 12 月，注册资本金为 2 066.33 万元，注册地为某 C

县。该公司主要从事稀土元素在农、林、牧、渔业及生态环保领域的开发与应用,是集稀土农用、环保应用新材料的研发、生产、销售、服务为一体的处于成熟期的科技型企业,是该省战略性新兴产业重点培育企业。2017年向某金融机构申请贷款500万元,因信用评分过低而被拒贷。

二、企业信用评估

(一) A公司信用评估

采用本书构建的科技型中小企业信用评估体系对A公司进行信用评估,具体评分如表8-1所示。

表8-1　A公司信用评分结果

类别	一级指标(%)	二级指标(%)	三级指标	权重(%)/加分值	评分
基础项	实际控制人能力 A1 (28.40)	基本信息 B1 (33.00)	学历 C1	24.67	100
			从业经历 C2	28.85	80
			婚姻状况 C3	23.64	100
			子女状况 C4	22.84	100
		个人资产 B2 (32.48)	房产车辆 C5	24.86	80
			货币资金 C6	24.09	60
			金融资产 C7	25.06	60
			对外投资 C8	25.99	60
		个人信用 B3 (34.52)	负债情况 C9	26.56	80
			违法(章)记录 C10	22.65	100
			诉讼情况 C11	26.10	100
			个人担保 C12	24.69	100
	经营管理能力 A2 (23.49)	基本信息 B5 (25.27)	历史沿革 C18	20.92	60
			管理层构成 C19	25.78	80
			股东变更 C20	19.10	100
			公司制度 C21	14.52	60
			注册资本 C22	19.69	100

续表 8-1

类别	一级指标（%）	二级指标（%）	三级指标	权重（%）/加分值	评分
基础项	经营管理能力 A2（23.49）	经营信息 B6（25.49）	银行经营流水 C23	13.53	100
			上下游合作企业商誉 C24	13.21	100
			资质认证 C25	12.43	60
			获得外部投资 C26	12.93	100
			社保缴纳 C27	11.81	100
			纳税情况 C28	11.85	80
			水电气缴纳 C29	12.02	100
			负债情况 C30	12.23	100
		负面信息 B7（25.65）	诉讼情况 C31	25.71	100
			经营异常 C32	24.18	100
			行政处罚 C33	23.58	100
			不良还贷记录 C34	26.53	100
		竞争能力 B8（23.59）	行业情况 C35	25.82	100
			市场占有率 C36	24.68	60
			政策支持 C37	24.03	80
			技术壁垒 C38	25.47	100
	财务能力 A3（20.46）	偿债能力 B9（26.58）	资产负债率 C39	25.22	80
			现金流动负债比 C40	24.35	60
			流动比率 C41	25.54	60
			速动比率 C42	24.89	60
		营运能力 B10（25.23）	总资产周转率 C43	26.61	80
			存货周转率 C44	22.27	80
			营业费用率 C45	22.81	80
			应收账款周转率 C46	28.31	80
		盈利能力 B11（24.15）	销售净利润率 C47	26.19	60
			销售毛利率 C48	24.45	80
			总资产利润率 C49	24.17	60
			成本费用利润率 C50	25.19	60

续表 8-1

类别	一级指标（%）	二级指标（%）	三级指标	权重（%）/加分值	评分
基础项	财务能力 A3 (20.46)	成长能力 B12 (24.04)	总资产增长率 C51	26.44	80
			主营利润增长率 C52	24.12	80
			主营业务收入增长率 C53	24.85	100
			净利润增长率 C54	24.58	80
	创新能力 A4 (27.65)	创新投入 B13 (34.36)	研发经费投入占比 C55	33.72	100
			科技人员占比 C56	32.49	100
			新产品开发能力 C57	33.79	80
		知识产权 B14 (32.27)	知识产权创造 C58	34.21	80
			知识产权运营 C59	33.70	60
			知识产权管理与保护 C60	32.09	80
		创新团队 B15 (33.37)	团队成员的学历 C61	32.36	100
			团队成员的从业经验 C62	35.55	100
			团队成员的影响力 C63	32.09	100
加分项	实际控制人能力 A1	身份头衔 B4	国内外顶尖人才 C13	30	0
			国家级领军人才 C14	20	0
			地方级领军人才 C15	10	0
			人大代表或政协委员 C16	15/10/8/3	0
			职称 C17	5/3/1	3
	创新能力 A4	创新评价 B16	国家级奖励 C64	30/20/15	0
			省部级奖励 C65	10	0
			市厅级奖励 C66	5	0

根据表 8-1 列出的各个指标权重和评分，算出 A 公司的基本信用评分为 84.87 分，加分项评分为 3 分，总信用评分为 87.87 分，对应的信用级别为 AA 级。

（二）B 公司信用评估

采用本书构建的科技型中小企业信用评估体系对 B 公司进行信用评估，具体评分如表 8-2 所示。

表 8-2　B 公司信用评分结果

类别	一级指标（%）	二级指标（%）	三级指标	权重（%）/加分值	评分
基础项	实际控制人能力 A1（28.40）	基本信息 B1（33.00）	学历 C1	24.67	100
			从业经历 C2	28.85	80
			婚姻状况 C3	23.64	100
			子女状况 C4	22.84	100
		个人资产 B2（32.48）	房产车辆 C5	24.86	80
			货币资金 C6	24.09	60
			金融资产 C7	25.06	60
			对外投资 C8	25.99	60
		个人信用 B3（34.52）	负债情况 C9	26.56	80
			违法（章）记录 C10	22.65	100
			诉讼情况 C11	26.10	100
			个人担保 C12	24.69	100
	经营管理能力 A2（23.49）	基本信息 B5（25.27）	历史沿革 C18	20.92	60
			管理层构成 C19	25.78	80
			股东变更 C20	19.10	100
			公司制度 C21	14.52	100
			注册资本 C22	19.69	100
		经营信息 B6（25.49）	银行经营流水 C23	13.53	100
			上、下游合作企业商誉 C24	13.21	100
			资质认证 C25	12.43	100
			获得外部投资 C26	12.93	100
			社保缴纳 C27	11.81	100
			纳税情况 C28	11.85	80
			水电气缴纳 C29	12.02	100
			负债情况 C30	12.23	60

续表 8-2

类别	一级指标（%）	二级指标（%）	三级指标	权重（%）/加分值	评分
基础项	经营管理能力 A2 (23.49)	负面信息 B7 (25.65)	诉讼情况 C31	25.71	100
			经营异常 C32	24.18	100
			行政处罚 C33	23.58	100
			不良还贷记录 C34	26.53	100
		竞争能力 B8 (23.59)	行业情况 C35	25.82	100
			市场占有 C36	24.68	60
			政策支持 C37	24.03	100
			技术壁垒 C38	25.47	100
	财务能力 A3 (20.46)	偿债能力 B9 (26.58)	资产负债率 C39	25.22	80
			现金流动负债比 C40	24.35	80
			流动比 C41	25.54	80
			速动比 C42	24.89	80
		营运能力 B10 (25.23)	总资产周转率 C43	26.61	80
			存货周转率 C44	22.27	80
			营业费用率 C45	22.81	80
			应收账款周转率 C46	28.31	80
		盈利能力 B11 (24.15)	销售净利润率 C47	26.19	60
			销售毛利率 C48	24.45	80
			总资产利润率 C49	24.17	60
			成本费用利润率 C50	25.19	60
		成长能力 B12 (24.04)	总资产增长率 C51	26.44	80
			主营利润增长率 C52	24.12	80
			主营业务增长率 C53	24.85	80
			净利润增长率 C54	24.58	80
	创新能力 A4 (27.65)	创新投入 B13 (34.36)	研发经费投入占比 C55	33.72	100
			科技人员占比 C56	32.49	100
			新产品开发能力 C57	33.79	80

续表 8-2

类别	一级指标（%）	二级指标（%）	三级指标	权重（%）/加分值	评分
基础项	创新能力 A4 (27.65)	知识产权 B14 (32.27)	知识产权创造 C58	34.21	80
			知识产权运营 C59	33.70	60
			知识产权管理与保护 C60	32.09	100
		创新团队 B15 (33.37)	团队成员的学历 C61	32.36	100
			团队成员的从业经验 C62	35.55	100
			团队成员的影响力 C63	32.09	100
加分项	实际控制人能力 A1	身份头衔 B4	国内外顶尖人才 C13	30	0
			国家级领军人才 C14	20	0
			地方级领军人才 C15	10	10
			人大代表或政协委员 C16	15/10/8/3	0
			职称 C17	5/3/1	0
	创新能力 A4	创新评价 B16	国家级奖励 C64	30/20/15	0
			省部级奖励 C65	10	0
			市厅级奖励 C66	5	0

根据表 8-2 列出的各个指标权重和评分，计算出 B 公司的基本信用评分为 86.63 分，加分项评分为 10 分，总信用评分为 96.63 分，对应的信用级别为 AAA 级。

（三）C 公司信用评估

采用本书构建的科技型中小企业信用评估体系对 C 公司进行信用评估，具体评分如表 8-3 所示。

表 8-3 C 公司信用评分结果

类别	一级指标（%）	二级指标（%）	三级指标	权重（%）/加分值	评分
基础项	实际控制人能力 A1 (23.53)	基本信息 B1 (33.00)	学历 C1	24.67	60
			从业经历 C2	28.85	100
			婚姻状况 C3	23.64	100
			子女状况 C4	22.84	100

续表 8-3

类别	一级指标（%）	二级指标（%）	三级指标	权重（%）/加分值	评分
基础项	实际控制人能力 A1 (23.53)	个人资产 B2 (32.48)	房产车辆 C5	24.86	80
			货币资金 C6	24.09	80
			金融资产 C7	25.06	80
			对外投资 C8	25.99	60
		个人信用 B3 (34.52)	负债情况 C9	26.56	0
			违法（章）记录 C10	22.65	100
			诉讼情况 C11	26.10	100
			个人担保 C12	24.69	100
	经营管理能力 A2 (25.76)	基本信息 B5 (25.27)	历史沿革 C18	20.92	100
			管理层构成 C19	25.78	90
			股东变更 C20	19.10	100
			公司制度 C21	14.52	100
			注册资本 C22	19.69	100
		经营信息 B6 (25.49)	银行经营流水 C23	13.53	0
			上、下游合作企业商誉 C24	13.21	80
			资质认证 C25	12.43	80
			获得外部投资 C26	12.93	100
			社保缴纳 C27	11.81	100
			纳税情况 C28	11.85	80
			水电气缴纳 C29	12.02	100
			负债情况 C30	12.23	60
		负面信息 B7 (25.65)	诉讼情况 C31	25.71	100
			经营异常 C32	24.18	100
			行政处罚 C33	23.58	−100
			不良还贷记录 C34	26.53	100
		竞争能力 B8 (23.59)	行业情况 C35	25.82	60
			市场占有率 C36	24.68	60
			政策支持 C37	24.03	100
			技术壁垒 C38	25.47	60

续表 8-3

类别	一级指标（%）	二级指标（%）	三级指标	权重（%）/加分值	评分
基础项	财务能力 A3 (25.31)	偿债能力 B9 (26.58)	资产负债率 C39	25.22	80
			现金流动负债比 C40	24.35	80
			流动比 C41	25.54	80
			速动比 C42	24.89	80
		营运能力 B10 (25.23)	总资产周转率 C43	26.61	0
			存货周转率 C44	22.27	0
			营业费用率 C45	22.81	80
			应收账款周转率 C46	28.31	60
		盈利能力 B11 (24.15)	销售净利润率 C47	26.19	80
			销售毛利率 C48	24.45	80
			总资产利润率 C49	24.17	60
			成本费用利润率 C50	25.19	60
		成长能力 B12 (24.04)	总资产增长率 C51	26.44	60
			主营利润增长率 C52	24.12	80
			主营业务收入增长率 C53	24.85	100
			净利润增长率 C54	24.58	60
	创新能力 A4 (25.40)	创新投入 B13 (34.36)	研发经费投入占比 C55	33.72	80
			科技人员占比 C56	32.49	100
			新产品开发能力 C57	33.79	60
		知识产权 B14 (32.27)	知识产权创造 C58	34.21	60
			知识产权运营 C59	33.70	60
			知识产权管理与保护 C60	32.09	60
		创新团队 B15 (33.37)	团队成员的学历 C61	32.36	80
			团队成员的从业经验 C62	35.55	80
			团队成员的影响力 C63	32.09	60

141

续表 8-3

类别	一级指标（%）	二级指标（%）	三级指标	权重（%）/加分值	评分
加分项	实际控制人能力 A1	身份头衔 B4	国内外顶尖人才 C13	30	0
			国家级领军人才 C14	20	0
			地方级领军人才 C15	10	0
			人大代表或政协委员 C16	15/10/8/3	0
			职称 C17	5/3/1	0
	创新能力 A4	创新评价 B_{16}	国家级奖励 C64	30/20/15	0
			省部级奖励 C65	10	0
			市厅级奖励 C66	5	0

根据表 8-3 列出的各个指标权重和评分，计算出 C 公司的基本信用评分为 73.80 分，加分项评分为 0 分，总信用评分为 73.80 分，对应的信用级别为 BB 级。

三、综合分析

A、B、C 3 家科技型中小企业信用评估结果如表 8-4 所示。

表 8-4 A、B、C 3 家科技公司信用评估结果

企业	发展阶段	评分	等级	评价	贷款金额	贷款结果
A 公司	初创期	87.87	AA	优良	80 万元	批准
B 公司	初创期	96.63	AAA	特优	100 万元	批准
C 公司	成熟期	73.80	BB	欠佳	500 万元	拒贷

备注：贷款金额和结果是指第三方金融机构基于企业的贷款申请，根据企业信用状况的最终贷款审批结果

A 公司是初创型企业，实际控制人能力、企业经营管理能力与企业创新能力评分较高，企业财务能力评分较低。实际控制人为某高校知名计算机学院副教授，在经营领域中拥有多项知识产权，创新团队以博士生、硕士生等高学历人才为主，但是企业财务体系不太健全。根据本书构建的科技型中小企业信用评估体系评价出的信用结果为 AA 级。

B 公司也是初创型企业，实际控制人能力、企业经营管理能力与企业创新

能力评分较高，但是企业财务能力评分较低。实际控制人为某知名高校的副教授，入选高校所在城市的人才计划，在经营领域中拥有多项知识产权，创新团队以高校教师及毕业生为主，但是企业财务体系不太健全。根据本书构建的科技型中小企业信用评估体系评价出的信用结果为 AAA 级。

C 公司是处于成熟期的企业，拥有成熟的产品和稳定的市场份额。企业实际控制人、企业经营管理能力、企业财务能力与企业创新能力的评分一般，特别是企业财务体系不健全。根据本书构建的科技型中小企业信用评估体系评价出的信用结果为 BB 级。

根据信用评估结果，B 公司信用评分高于 A 公司，C 公司信用评分最低。结合某金融机构 2017 年对 A、B、C 3 家科技公司的贷款情况来看，与本书构建的科技型中小企业信用评估体系评估结果一致，即信用评分较高的公司获得金融机构贷款，信用评分较低的公司被金融机构拒贷，并且信用评分越高，贷款金额越大。

第二节　科技型中小企业信用评估体系的应用建议

本节将针对科技型中小企业信用评估指标体系在运用中的数据获取、指标调整及应用领域等实际操作问题给出相关建议。

一、数据获取

如何获取与各指标相对应的数据是本套信用评估体系应用的关键。最理想的状态是评估主体能够通过大数据中心或大数据平台等大数据库直接获取与被评估对象有关的各指标数据，然后基于本书构建的科技型中小企业信用评估体系设计的评分规则与相应权重，运用人工智能算法快速生成被评估对象的信用分值及等级。但在当前的实践中，数据信息获取尚未充分实现大数据方式，主要体现为：第一，在指标数量不多时，评估主体可通过自有渠道或分享信息直接获取被评估对象的指标信息，进而依据提前设计好的算法获得评估结论；第二，在指标数量较多时，评估主体则需要对被评估对象展开调查、问询等才能得出评估结果。前者的优点在于效率高，但评估结果可能不全面客观；后者尽管效率相对较低，但评估结果会更加全面客观。因此，数据的可获得性是本书构建的科技型中小企业信用评估体系实现智能化运行的基础与关键。

那么，能否做到及如何做到指标数据的快速有效获取呢？人们在当前的实践中，展开了有益探索，一些地方政府在信用建设和科技金融发展的大背景下，采集了本区域内的企业信息并动态更新，形成了较完善的企业信息数据库，这方面的典范是深圳等一线城市。一些大数据公司或大数据研发中心基于自身技术和市场需要构建了特定范围的企业数据库。此外，全国性的行业协会等也在开展企业信息数据库的构建工作。因此，我们认为随着互联互通时代的到来，在建设数字中国目标的驱动下，完全可以基于大数据、云计算等数字技术的运用，实现信用评估对象数据指标的获取和信用等级的智能化生成。下一步实践则可以依照特定的指标体系进行数据库的构建，本书倾向于由政府牵头、大数据企业具体参与实施、行业协会协助支持的模式进行。

在当前大数据支撑不足的情况下，可暂时以本书构建的科技型中小企业信用评估体系为蓝本，通过申报企业自行填报并结合评估主体问询及调查等综合方式获取被评估对象的信用信息。

二、指标调整

本书构建的指标体系包括 4 个一级指标、16 个二级指标和 66 个三级指标，指标总数达到 86 个。这套指标体系在数量上远超越了现有主要研究的指标数量，与国内一些发达地区的实践做法相符合，代表着一种前瞻性的趋势和方向，即更加注重指标的多元结合，指标涉及面呈扩大趋势，这是理论研究吸收实践经验的一种有益尝试。例如，我们将实践中较多使用但被当前理论研究所忽视的一些指标，如个人违法（章）记录、身份头衔、企业银行流水、税收及水电气缴纳、获得奖励荣誉等纳入本指标体系中。当然指标数量的增多，势必会增加运用的烦琐程度，但解决该问题的办法本书已在前边的分析中进行了说明，即通过大数据手段予以解决。

事实上本书的研究既属于应用研究，也属于理论的前瞻性分析，我们认为本书最大的贡献在于提供了一种构建科技型中小企业信用评估体系的思路与方法。具体涉及指标体系层级的设计、指标的选取与确定、指标分值与权重的确定以及指标权重的动态调整等。因此，在条件尚不成熟时，使用者可以考虑简化指标体系的构成，选取认为最能反映被评估对象信用及最易获得信息的指标进行设计，并确定相应的分值及权重等。

三、应用领域

本书写作的初衷是在科技型中小企业进行纯信用的债权融资时，在其不提供担保的情况下，帮助政府及银行更好识别具有轻资产、高风险异质性特征的科技型中小企业，实现信贷资金的有效配置及合理防范金融风险提供理论指导。

在研究过程中,我们不仅与政府相关部门及银行、科技企业等进行了沟通交流,同时还与相关股权投资基金进行了交流。我们认为,本书构建的科技型中小企业信用评估体系除了满足其最初的构建目的,还可以为各类资本在对科技型中小企业进行股权投资时提供参考。因为信用评估的本质是对企业当前状况及未来价值进行评价,而本套信用评估体系恰好能够对科技型中小企业的资质及发展潜力做出综合、客观和全面的评价,其衡量视角及标准是符合市场资本投资所需的。此外,本书构建的科技型中小企业信用评估体系还可以作为政府对企业进行分类评级或政策扶持时的一个参照。

参考文献

阿曼, 2004. 信用风险评估——方法·模型·应用 [M]. 第 2 版. 杨玉明, 译. 北京: 清华大学出版社.

布泰耶, 普什恩, 2016. 信用风险的产生、评估及管理 [M]. 于建忠, 方雅茜, 译. 北京: 经济管理出版社.

曹小秋, 黄翔, 邓伟, 2013. 科技型初创企业信用评价和实证分析 [J]. 南昌大学学报 (人文社会科学版), 44 (6): 72−76.

陈绪新, 2007. 解读信用理念形上原理及其伦理意涵的道德生态 [J]. 科学技术与辩证法, 24 (2): 10−15.

程道宏, 汪磐, 2003. 科技型中小企业信用评估模式初探 [J]. 安徽科技 (9): 36−37.

戴浩, 柳剑平, 2018. 政府补助对科技中小型企业成长的影响机理——技术创新投入的中介作用与市场环境的调节作用 [J]. 科技进步与对策, 35 (23): 137−145.

戴志敏, 金欣, 2010. 信用及信用风险的内涵研究 [J]. 浙江学刊 (1): 164−169.

范飞龙, 2002. 非对称信息下中小企业融资信用信号传递模型研究 [J]. 重庆大学学报 (社会科学版), 8 (6): 59−60.

顾海峰, 2013. 基于银保协作路径的商业银行信用风险识别机制研究——兼论贷款企业信用评估系统 [J]. 金融理论与实践 (1): 7−12.

管晓永, 2014. 中小企业信用管理理论研究 (宏观篇) [M]. 杭州: 浙江大学出版社.

郭矜, 2016. 科技型中小企业信用评估指标体系的构建 [J]. 财会月刊 (综合版) (5): 15−18.

郭清马, 2009. 社会信用体系建设: 概念、框架与路径选择 [J]. 征信, 27 (5): 10−13.

郭研, 郭迪, 姜坤, 2016. 市场失灵、政府干预与创新激励——对科技型中小企业创新基金的实证检验 [J]. 经济科学 (3): 114-128.

国家统计局, 2018. 中国统计年鉴-2018 [M]. 北京: 中国统计出版社.

国家统计局, 科学技术部, 2018. 中国科学统计年鉴-2018 [M]. 北京: 中国统计出版社.

何峥, 陈德棉, 2004. 早期高科技企业融资困境分析研究 [J]. 科学学与科学技术管理 (1): 128-132.

何志峰, 2017. 基于产业园区的信用评级管理体系构建研究——以张江高科技园区"信用张江模式"为例 [J]. 上海经济 (4): 32-38.

侯昊鹏, 2012. 国内外企业信用评级指标体系研究的新关注 [J]. 经济学家 (5): 88-97.

姜崎, 2002. 借鉴西方经验建立符合中国国情的信用评估系统 [J]. 经济与管理研究 (3): 15-17.

焦国成, 2009. 试论信用行为的道德价值判定 [J]. 河南师范大学学报 (哲学社会科学版), 36 (1): 22-27.

科技型中小企业服务网. 安徽省 2018 年科技型中小企业评价工作成绩斐然 [EB/OL]. (2019-02-09)[2019-12-23]. http://www.innofund.gov.cn/zxqyfw/gzdt/201902/0f918427bcd94ef4b6a497d7fd936a0b.shtml.

雷荷仪, 姚晨安, 王心语, 等, 2017. 武汉东湖高新区科技型中小企业债权融资问题的缓解对策探析 [J]. 科技创业月刊 (5): 32-35.

李连三, 2007. 征信在中小企业融资中的作用——理论和实证研究的视角 [J]. 河南金融管理干部学院学报 (3): 30-34.

李善民, 2015. 科技金融 [M]. 北京: 中国经济出版社.

李晓峰, 徐玖平, 2010. 商业银行客户信用综合评估的 BP 神经网络模型的建立 [J]. 软科学, 24 (2): 110-113.

刘炳瑛, 1988. 马克思主义原理辞典 [M]. 杭州: 浙江人民出版社: 607.

刘广斌, 郭富贵, 2009. 中小型科技企业信用评价指标的构建与筛选 [J]. 工业技术经济 (8): 51-54.

刘敏, 2013. 欧盟国家中小企业信用服务的借鉴与启示 [J]. 征信 (5): 59-61.

刘倩熙, 2008. 工业企业信用评估指标体系研究 [J]. 统计与决策 (5): 179-180.

楼霁月, 2013. 科技型中小企业信用评价影响因素分析 [J]. 统计与决策 (16): 186-188.

吕秀梅, 2019. 大数据金融下的中小微企业信用评估 [J]. 财会月刊 (13):

22—27.

马本江, 2008. 经济学中信任、信用与信誉的概念界定与区分初探——兼论信任问题与信用问题的一致性 [J]. 生产力研究 (12): 14—16.

马克思, 2004. 资本论: 第3卷 [M]. 中共中央马克思恩格斯列宁斯大林著作编译局, 译. 北京: 人民出版社: 452.

马克思, 恩格斯, 2006. 马克思恩格斯全集 [M]. 中共中央马克思恩格斯列宁斯大林著作编译局, 编译. 北京: 人民出版社.

马琳, 张佳睿, 2013. 充分发挥风险投资对科技型中小企业的支持作用 [J]. 经济纵横 (9): 40—43.

马晓青, 2012. 小企业信用评估的模型构建与实证分析 [J]. 财经研究, 38 (5): 28—37.

毛茜, 赵喜仓, 2018. 创新价值链视角下信用评估研究——基于科技型小微企业的实证分析 [J]. 华东经济管理, 32 (5): 134—139.

毛泽东, 1991. 矛盾论 [M] //毛泽东. 毛泽东选集: 第1卷. 北京: 人民出版社: 322.

人民日报评论员, 2017. 大力推动我国经济实现高质量发展——二论贯彻落实中央经济工作会议精神 [N]. 人民日报, 12—23 (1).

任保平, 文丰安, 2018. 新时代中国高质量发展的判断标准、决定因素与实现途径 [J]. 改革 (4): 5—16.

任曙明, 郑洋, 张婧阳, 2010. 科技型中小企业资本结构决策与融资服务体系 [M]. 北京: 科学出版社.

邵永同, 2014. 科技型中小企业融资模式创新研究 [M]. 北京: 知识产权出版社.

盛来运, 2018. 建设现代化经济体系 推动经济高质量发展——转向高质量发展阶段是新时代我国经济发展的基本特征 [J]. 求是 (1): 50—52.

童鹰, 1982. 马克思恩格斯与自然科学 [M]. 北京: 人民出版社: 71.

万钢, 2018. 打造高质量发展的科技创新引擎 [J]. 求是 (6): 24—26.

韦子唯, 2016. 基于信用价值的公司法理念再思考——以公司信用构成要素为视角 [J]. 学术研究 (6): 74—78.

沃克, 2003. 牛津法律大辞典 [M]. 李双元, 等译. 北京社会与科技发展研究所, 译. 北京: 光明日报出版社: 282.

习近平, 2018. 在民营企业座谈会上的讲话 [N]. 人民日报, 11—02 (1).

谢冰, 蔡洋萍, 欧阳飞雪, 2015. 新常态下科技型中小企业的融资: 理论、策略与实践［M］. 北京：中国经济出版社.

新华网. 世界知识产权组织：华为去年专利申请量全球第一［EB/OL］.（2019－03－19）［2019－12－23］. http://www.xinhuanet.com/2019－03/19/c_1124255792.htm.

新浪网. 硅谷银行：刀尖上的高手［EB/OL］.（2016－09－21）［2019－12－23］. http://finance.sina.com.cn/manage/mroll/2016－09－21/doc-ifxvyqvy6969643.shtml.

许进，陶克涛，2006. 科技型中小企业信用评估的指标体系设计［J］. 科学管理研究，24（3）：55－58.

许文，2012. 小企业信用评级原理、模型与应用［M］. 北京：科学出版社.

许艳秋，潘美芹，2016. 层次分析法和支持向量机在个人信用评估中的应用［J］. 中国管理科学（A1）：106－112.

杨根乔，2019. 论习近平以人民为中心的新发展理念［J］. 当代世界与社会主义（2）：93－99.

杨正平，王淼，华秀萍，2017. 科技金融——创新与发展［M］. 北京：北京大学出版社.

杨子强，2006. 坚持六个结合 处理好六个关系 加快推进征信体系建设［J］. 济南金融（12）：17－19.

姚静，2016. 中小企业信用评级指标体系研究［D］. 北京：中国社会科学院研究生院.

叶伟春，2015. 信用评级理论与实务［M］. 上海：上海人民出版社.

伊特维尔，米尔盖特，纽曼，1992. 新帕尔格雷夫经济学大辞典：第1卷［M］. 陈岱孙，董辅礽，罗元明，等译. 北京：经济科学出版社：773.

余高锋，刘文奇，石梦婷，2015. 基于局部变权模型的企业质量信用评估［J］. 管理科学学报，18（2）：85－94.

郁俊莉，2014. 科技型中小企业融资信用体系研究［M］. 北京：北京大学出版社.

袁新峰，赵强，王秋香，2015. 小微企业信用体系试验区建设的思考——以北京中关村示范区为例［J］. 征信（6）：43－46.

张德栋，张强，2004. 基于神经网络的企业信用评估模型［J］. 北京理工大学学报（11）：982－985.

张润驰，杜亚斌，薛立国，2018. 基于相似样本归并的大样本混合信用评估模型［J］. 管理科学学报（7）：82－95.

张宇，2017. 企业信用等级评估指南［M］. 北京：中国经济出版社.

赵昌文，2004. 中小型高科技企业：信用与融资［M］. 成都：西南财经大学出版社.

赵昌文，陈春发，唐英凯，2009. 科技金融［M］. 北京：科学出版社.

赵玲，贺小海，陈晓慧，等，2014. 我国科技型小微企业成长性评价［J］. 科技和产业（1）：73-79.

赵玲，周恺秉，贺小梅，2018. 我国科技金融体系构建研究——以杭州为例［M］. 杭州：浙江大学出版社.

中共中央马克思恩格斯列宁斯大林著作编译局，2006. 马克思恩格斯全集：第46卷（上）［M］. 北京：人民出版社：21.

中共中央宣传部，2016. 习近平总书记系列重要讲话读本（2016年版）［M］. 北京：学习出版社，人民出版社：213.

中关村企业信用促进会［EB/OL］.［2019-12-23］http://www.zcpa.org.cn/ecpa/

中国大百科全书总编辑委员会《经济学》编辑委员会，中国大百科全书出版社编辑部，2009. 中国大百科全书·经济学（Ⅰ-Ⅲ）［M］. 北京：中国大百科全书出版社：283.

周国林，李耀尧，周建波，2018. 中小企业、科技管理与创新经济发展——基于中国国家高新区科技型中小企业成长的经验分析［J］. 管理世界，34（11）：188-189.

周晓俊. 美国资本市场信用评级体系［EB/OL］.（2004-06-20）［2019-12-23］. http://newyork.mofcom.gov.cn/aarticle/ztdy/200406/20040600239299.html.

周宗放，张瑛，陈林，2010. 新兴技术企业信用风险演化机制及评价方法研究［M］. 北京：科学出版社.

朱顺泉，2012. 信用评级理论方法模型与应用研究［M］. 北京：科学出版社.

ALTMAN E I, 1968. Financial ratios, discriminant analysis and the prediction of corporate bankruptcy［J］. The journal of finance (23)：589-609.

ALTMAN E I, HALDEMAN R G, NARAYANAN P, 1997. Zeta analysis：a new model to identify bankruptcy risk of corporations［J］. Journal of banking and finance (1)：29-54.

BAILEY K D, 1994. Typologies and taxonomies：an Introduction to classification techniques［M］. Thousand Oaks：Sage.

BEAVER W H, 1966. Financial ratios as predictors of failure [J]. Journal of accounting research: 71—111.

BOOMSMA A, 1982. The robustness of LISREL against small sample sizes in factor analysis models [J]. Systems under indirect observation: causality, structure, prediction: 149—173.

D'ANGELO A, 2012. Innovation and export performance: a study of Italian high-tech SMEs [J]. Journal of management & governance, 16 (3): 393—423.

GRUNERT J, NORDEN L, WEBER M, 2005. The role of non-financial factors in interal credit ratings [J]. Journal of banking and finance (2): 509—531.

HÁJEK P, 2012. Credit rating analysis using adaptive fuzzy rule-based systems: an industry-specific approach [J]. Central european journal of operations research, 20 (3): 421—434.

KUMAR P R, RAVI V, 2007. Bankruptcy prediction in banks and firms via statistical and intelligent techniques—a review [J]. European journal of operational research, 180 (1): 1—28.

NUNNALLY J C, BERNSTEIN I H, 1994. Psychometric theory [M]. New York: McGraw-Hill.

OHLSON J A, 1980. Financial ratios and the probabilistic prediction of bankruptcy [J]. Journal of accounting research, 18 (1): 109—131.

PEDERZOLI C, TORRICELLI C, 2010. A parsimonious default prediction model for Italian SMEs [J]. Banks Bank Syst. (5): 28—32.

POST W, 1910. The Four Big C's: factors in extending credit: character, capacity, capital, collateral [M]. Philadelphia: Central National Bank of Philadelphia.

SATTY T L, 1980. The analytic hierarchy process [M]. New York: McGraw-Hill.

SETHI V, CARRAHER S M, 1993. Developing measures for assessing the organizational impact of information technology: a comment on mahmood and Soon's Paper [J]. Decision sciences, 24 (4): 867—877.

TECHWEB. 为何日本现在科技独角兽公司寥寥无几？[EB/OL]. (2017-12-12)[2019-12-23] http://www.techweb.com.cn/viewpoint/2017-12-12/2617569.shtml.